Sociology of Globalization

ナカニシヤ出版

国際社会学入門

石井香世子 編
Kayoko Ishii

はじめに

　人には，違いを乗り越えて力を合わせ，はじめて成し遂げられる仕事が，たしかにある。例えば，エベレスト登頂の歴史がある。8,000 メートル級の山は，もともと一人では登れなかった（人類がはじめて単独登頂を達成したのは 1980 年のこととされているから，それ以前の装備や技術では少なくともそうだった）。エベレスト登頂に最も熱心だった国はイギリスで，1921 年から 1952 年まで実に 10 回の登山隊と数百人の隊員を送り込んだ。しかし，なかなか登頂には成功しなかった。今でもイギリスが「本当の人類初エベレスト登頂者」だったことを証明しようと捜索隊を送り込んでいる登山家に，第一次から第三次までの登山隊に参加した（そして遭難した）ジョージ・マロリーがいる。マロリーは自分のザイルパートナーに，優秀な登山家フィンチを指名していた。しかしフィンチは第二次登山隊の時を除いて，ヒマラヤ登山隊への参加を却下されていた。却下の理由はいろいろとあったらしいが，そのなかにはフィンチが植民地人だった（彼はオーストラリア人で，オーストラリアはかつてイギリス植民地だった）からという国籍の「問題」や，彼が卒業した大学がオックスフォードかケンブリッジでなかったからという学歴の「問題」……そんなものもあったらしい。フィンチのヒマラヤ登山隊入りが却下された理由は，本当にいろいろあったのだろう。ただたしかにいえるのは，マロリーや，フィンチの代わりにマロリーのザイルパートナーに選ばれた人々を含め，当時「初登頂者」となれる立場に選ばれた登山家は，（第二次登山隊時のフィンチ以外は）皆，「イギリス人」で，ケンブリッジ大学かオックスフォード大学か，さもなければ王立士官学校の類の卒業生（在学生）だった。

　そしてもうひとつ確かなことは，1953 年に人類で初めてエベレストの頂上に立ったのは，ニュージーランド人エドモンド・ヒラリーと，シェルパ族のテンジン・ノルゲイの二人だったということだ。ヒラリーの出身国ニュージーランドは，オーストラリアと同じくもとイギリス植民地だったし，テンジンの出身国にいたっては，「ネパールで生まれた」と言う人もいれば「いや本当はチベットで生まれたのだ」という人もあり，そもそも不明である。テンジンは，オックスフォードどころか学校に通った記録はなく，また誕生日も記録がない。そして彼は有色人種だった。もちろん，二人が初登頂を達成した理由は決してひとつではない。30 年以上にわたって，各国の登山隊が少しずつ改善してきたルート・装備・技術の進化が大

きかった。天候に恵まれた運の良さなくしては，決して無理だった。しかし厳然たる事実として，偶然だったかもしれないが，学歴どころか言語も民族も人種も違う二人が登山家としての実力を認めあい，世界で一番高い頂に登るという目標のために協力したその時に，人類は地上の最高峰に立つことができた。植民地人どころか，人種すら違う登山家を登山隊に選抜した時，はじめてイギリスは人類最高峰への登頂を達成した国となることができた。ヒラリーとテンジンは，帰還後「二人のうちどちらが先にエベレストに立ったのか」と問われ続けたが，二人とも生涯にわたって「二人で同時に」と答え続けたという。

　専門家のあいだでは，大雑把にいって「国際社会学は移民と多文化共生の主題を扱う。グローバル化の社会学は国境を越えた多様な社会現象を扱う」という線引きがされてきたように思う。多くの教科書も，その線引きにならった内容で作られてきた。しかし一方で，国際社会学と題する授業の現場で，その線引きを当たり前として授業を受けに来ている学生は，そう多くはないだろう。この科目を配置する，少し（または大分）分野の違う教員にも，その線引きはなかなか共有されていないことが多いのではないだろうか。「国際社会学というのは結局，移民関連の問題だけを扱うものなのですか」「環境問題や人権問題など，国境を越えた社会現象について国際社会学の授業レポートで書くことはできないのですか」という質問は，この科目を教える教員が，現場で学生から受ける最も多い質問のひとつではないだろうか。少なくともこれまで私が教えてきた国際社会学という授業を履修する学生は，たいてい国際社会学のことを「国境を越えて取り組むべき社会問題・社会現象を扱う科目」という風に考えていた。この教科書と履修者の前提のズレを解消するためには，どうしたらよいのだろうか――5年ほど考え続けて，新しいタイプの教科書をつくるのがいいのではないかという結論に至った。そして，多くの方のご理解と協力を得て，この本が生まれた。

　本書は，あえて国際社会学と題して，国境を越えて人類が対応を求められている社会問題に光を当てた教科書として生み出された。ただしその結果として，社会学以外の分野で「国境を越えた社会現象」を研究している先生方にお願いして執筆していただいた章も多くなった。まず何より，趣旨を理解して執筆してくださった執筆者の先生方に，心から感謝申し上げたい。ただ多様な背景の研究者が書いたものを集めた本書には，従来の同じようなタイトルの教科書に比べて，使いやすい面と使いにくい面と，両方があるに違いない。もしも社会学の教科書として使いにくい面があれば，編者である私の力不足以外の何物でもない。今後，この本と似たよ

うな方向性で，もっと良い教科書が多く世に出ることを夢見ている。そうして，グローバルなものとローカルなものが影響を与え合って進む時代を生きる人々に，自分とは違う人々と協力して仕事を成し遂げる際の一助となるような教科書がいつか生まれたら，（大げさなことをいってしまった気がして恥ずかしいが，やはり心から）これほど有難いことはないと思う。

　なお本書の企画に際し筆者は，学生時代に愛読した教科書（『観光人類学』山下晋司編 1996 年 新曜社。2007 年に『観光文化学』と改名・改訂）のように興味深い教科書にできればと，念頭に置いていた。そのためこの本の構成等には，『観光文化学』と似通ったところがいくつかある。著者山下先生の寛大なご了解を得てこの教科書が世に送り出されることを，ここに記してお礼申し上げたい。また拙稿をご確認くださった日本山岳会の方々，忍耐強く本書をまとめてくださったナカニシヤ出版の米谷龍幸さん，映画情報をアドバイスしてくださった関西大学の酒井千絵先生にも，ここにお礼申し上げたい。

2017 年 2 月

石井香世子

目　　次

はじめに　*i*

Chapter 1　国際社会学への案内 ──────────（石井香世子）*1*
国境を超える社会現象をとらえる視点

1　はじめに：そもそも社会学について　*2*
2　国単位の社会から，国境を超えた社会へ　*3*
3　国境を超えた現象をとらえる視点　*4*
4　本書の構成　*7*

Part I　多様化する国民・移民・難民

Chapter 2　移民と国民の境界 ──────────（酒井千絵）*13*
現代の国際移動をどうとらえるか

1　はじめに：「移民」とはだれか　*14*
2　移民・国際移動を議論する枠組み　*15*
3　日本における国際移動のイメージと実態　*17*
4　おわりに：移動がもたらす社会の多様性　*20*

Chapter 3　グローバル化時代の難民・国内避難民 ──────（滝澤三郎）*23*
「難民」とはだれかを問いなおす

1　はじめに　*24*
2　グローバル化時代の難民　*24*
3　難民のグローバル化／越境化をめぐる議論　*26*
4　「逃げる人」から「選ぶ人」へ　*28*
5　日本における難民問題　*29*
6　おわりに：難民への視線の転換の可能性　*31*

Chapter 4　無国籍の人はナニジンですか ──────（陳　天璽）*33*
国境を越える人，国の枠組みを越えられない権利

1　はじめに：「無国籍」という言葉のイメージ　*34*

2 グローバル化と無国籍者，身分証明　*34*
3 無国籍者が発生するさまざまな原因　*35*
4 無国籍者にとっての国・法・アイデンティティ　*37*
5 おわりに　*40*

Part II　グローカル化がすすむ日常生活

Chapter 5　越境する家族 ──────────────（奥野圭子）*47*
移民国家オーストラリアからみる国籍・市民権と生活実態のジレンマ

1 はじめに：なぜオーストラリアの家族問題なのか　*48*
2 国籍と市民権　*49*
3 家族と白豪主義：グローバル化・そしてグローカル化へ　*50*
4 国際移動法の変遷　*51*
5 家族生活の尊重と退去強制のジレンマ　*52*
6 おわりに　*55*

Chapter 6　グローカル化とトランスナショナル教育 ─────（杉村美紀）*57*
マレーシアにおける高等教育の新たな展開

1 はじめに　*58*
2 教育をめぐるローカルな文脈とグローバル化の現状　*58*
3 トランスナショナル教育をめぐる議論　*59*
4 マレーシアの概略　*60*
5 マレーシアにおける高等教育のグローカル化　*62*
6 おわりに　*65*

Chapter 7　医療におけるグローバル化の進展 ─────────（真野俊樹）*67*
二極化，患者・専門家の移動の視点から

1 はじめに　*68*
2 医療ツーリズムの現状　*68*
3 医療の特徴　*69*
4 医療制度と医療ツーリズムが起こる理由　*70*
5 専門家の移動　*72*
6 医療ツーリズム先進国　*73*
7 おわりに　*75*

Part III 国境を超えるつながりと新しい境界

Chapter 8　グローバル化・国境・観光 ────────（石井香世子）83
　　　　　タイの観光から考える

1　はじめに　*84*
2　グローバル化と観光　*84*
3　グローバル化と観光のとらえ方　*85*
4　タイと国際観光　*86*
5　国境・観光・出稼ぎ労働者　*86*
6　おわりに　*89*

Chapter 9　グローバル化とメディア ───────────（阿部るり）*93*
　　　　　「国を持たない最大の民族」クルドの視点から考える

1　はじめに　*94*
2　メディアはだれのものか　*94*
3　メディアのグローバル化をめぐる議論　*96*
4　トルコ・メディア小史　*97*
5　クルド移民と遠隔地ナショナリズム　*98*
6　おわりに　*100*

Chapter 10　グローバル化時代の宗教とアイデンティティ ──（安達智史）*103*
　　　　　イギリスのムスリム女性を事例として

1　はじめに：宗教・アイデンティティ・グローバル化　*104*
2　イスラームと文明の衝突　*105*
3　イスラームと女性　*105*
4　教育・労働・結婚　*106*
5　〈宗教／文化〉の区別・知識・情報化　*108*
6　おわりに　*111*

Part IV 社会問題からみるローカルとグローバルの関係

Chapter 11　犯罪のグローバル化 ────────（中村文子）117
ヨーロッパにおける人身取引の事例から

1　はじめに　*118*
2　人身取引とは　*119*
3　人身取引はどのような被害をもたらすのか　*120*
4　人身取引はなぜ起きるのか　*121*
5　国際社会による対策　*122*
6　おわりに　*124*

Chapter 12　ローカルに利用される資源のグローバルな価値 ───（坂本麻衣子）*127*
バングラデシュの森林消失と農民の生活

1　はじめに　*128*
2　森林保全をめぐるグローバル化　*129*
3　資源管理をめぐる議論　*129*
4　バングラデシュとは　*131*
5　森林消失の社会・経済・環境の構造　*132*
6　おわりに　*136*

Chapter 13　紛争のグローバル化 ────────（杉木明子）*139*
アフリカの事例から

1　はじめに　*140*
2　国内紛争の現状　*140*
3　国内紛争をめぐる議論　*141*
4　北部ウガンダ紛争の事例　*144*
5　おわりに　*146*

Part V 豊かさと貧しさの再配置

Chapter 14 豊かな国のなかに広がる貧困 ────（稲葉美由紀）*153*
アメリカにおける貧困とグラミン・アメリカ

1 はじめに *154*
2 貧困のグローバル化をめぐる議論 *155*
3 アメリカにおける貧困の現状 *156*
4 バングラデシュからの貧困削減アプローチ *158*
5 おわりに *161*

Chapter 15 ボーダーレス化する市場 ────（丸谷雄一郎）*165*
ラテンアメリカに進出するウォルマートの国際化戦略

1 はじめに *166*
2 ビジネスをめぐるグローバル化の現状 *166*
3 ビジネスのグローバル化をめぐる議論 *168*
4 ラテンアメリカにおけるビジネス *169*
5 ラテンアメリカにおけるビジネスのグローバル化：ウォルマートの事例 *169*
6 おわりに *172*

コラム①：何人(なにじん)であるかより，何を成し遂げたかを問うて生きる
　　　　（プロムチャワン・ウドムマナー） *43*
コラム②：音楽という言葉とともに国境を越えて（川杉ありさ） *78*
コラム③：スポーツに垣間見る国際競争（倉石 平） *113*
コラム④："Leave No One Behind" の具現化（池上清子） *149*

見学施設紹介①：JICA 横浜 海外移住資料館 *44*
見学施設紹介②：東京ジャーミイ・トルコ文化センター *79*
見学施設紹介③：神戸華僑歴史博物館 *114*
見学施設紹介④：神戸・移住ミュージアム *150*

事項索引 *174*
人名索引 *176*

Chapter 1

国際社会学への案内

国境を超える社会現象をとらえる視点

石井香世子

　今日私たちが暮らす社会は,「国」ごとに分かれていると考えられた時代につくられたルールや常識のうえに,国に関係なくつながったり,それでもやはり国ごとの取り決めを利用したりしながら,ときに国を越えて広がっています。そうした広がりやつながりのなかで,人も社会も,グローバルなものとローカルなものとが互いに影響を与え合ってさまざまに変化しています。本章では,この教科書を通して社会現象を考える軸を,かりに①国民国家の枠組みに上書きされたものとしてのグローバル化(多層型グローバル・ガヴァナンス),②さまざまな面で,絡み合いながらも別々の速度で,ちぐはぐに進行するものとしてのグローバル化(多次元アプローチ),③ローカルなものとグローバルなものが互いに影響を与えながら変化していく変化(グローカル化)と,④どの国に生まれたかで人生の豊かさが決まると考えられた時代は終わり,新しい「勝者」や「敗者」の構図が生まれつつある点(世界規模での新たな階層化),の四つに整理していきます。

タイの田舎町でバスを待つ出稼ぎ帰りの女性(2011年,筆者撮影)

1 はじめに：そもそも社会学について

　この本では社会学を，人々の考え方（価値体系）や行動パターン（行動様式）などを考えに入れて，何かの原因を説明しようとする学問だと考える。例えば，今から100年ほど前，ドイツのウェーバー（社会学の生みの親の一人といわれている人）は，当時「なぜ，カトリックよりプロテスタントの方が，社長や重役に多いのか」を，法律でも経済でもなく，カトリックとプロテスタントの教えの違いから説明した。当時カトリックでは「足ることを知ることで，神が喜ぶ。欲張りになることや金儲けに熱心になるようなことは，良くないことだ」と教えていた。これに対してプロテスタントでは「自分の能力も財産も，天からの預かりもの。能力を活かして仕事に励み財産を増やすことで，神が喜ぶ」と教えていた。そこでプロテスタントの人々は，カトリックの人々より経済的に上昇しやすい傾向があると説明したのである（『プロテスタンティズムの倫理と資本主義』[1]）。

　また彼と同じころ，フランスのデュルケーム（この人もまた，社会学の生みの親の一人といわれている）は，「なぜ，19世紀のあいだにヨーロッパで自殺が急に増えたのか」を，豊かで自由になると，昔のように自分が生きている理由をより大きな目的意識（一族のため，殿様のためなど）に結びつけにくくなったからだと説明してみせた（『自殺論』[2]）。自殺者の多い少ないについては，経済状況から説明する人もいれば，気候条件から説明する人もいる。それに対してデュルケームは，自殺者の増加を社会の発展（近代化）の度合いと社会変化から説明したのである。つまり，ウェーバーもデュルケームも「なぜそうなったのか」「なぜそういうことが起きたのか」を，法律でも経済でもなく，自然環境でもなく，そこに住む人々をとりまく価値観や行動パターン（の変化とその背景）から説明した。

　こういった典型的な例からわかる通り，そもそも社会学とは，例えば地理的な条件・自然環境や法律や経済の面だけを原因として考えてみても説明がつきにくいことを，文化や社会やいろいろな側面を含めて総合的に分析して，説明してみせる学問という面をもっている。

---

1) 1904年に初版が出版された。日本語訳に，中山元［訳］『プロテスタンティズムの倫理と資本主義の精神』（2010年，日経BP社）など。
2) 初版の出版は1897年。日本語訳に，宮島喬［訳］『自殺論』（1985年，中央公論社）など。

2 国単位の社会から,国境を超えた社会へ

　ただしここで重要なのは,今から100年ほど前のヨーロッパに生きた社会学の生みの親たちは,社会というものを考える時,「国」の枠組みを当然のものとして考えていたことである。ウェーバーもデュルケームも,じつはイギリス,フランス……など国ごとに経営者の宗教比率を比べたり,自殺率を比べたりしている。そこでいう国とは,今私たちが住んでいる「日本」や「アメリカ」のような国――つまり国民がいて,政府があって,領土をもつ国(国民国家)を意味していた。この考え方は,100年前にはあまり不都合はなかった。なぜなら当時,多くの人々にとって,自分の生活する地域を越えた場所に行くことや,遠くの地域の物や人と直接会ったり,それに関する情報を手に入れることは,とても難しかった。そのころ遠い外国から運ばれてきたものは,大抵大金持ちだけが手に入れることのできる贅沢品に限られていた。このころ貿易が社会に与える意味は,食糧もエネルギーも海外から輸入される今日ほどには大きくなかった。また,当時の人にとって,遠い外国へ旅するということは,一生に一度の巡礼のため何年もかけて旅をするとか,戦争に行って何年も戻ってこないとか,そのような感覚でとらえられることが多かった。

　ところが今では,交通・情報通信の技術とシステムが大きく進化して,特別な社会的地位や財産・技術や能力をもたない人でも,いつでも地球の裏側にいる人と話をし,たった数時間から十数時間で,地球の裏側まで移動できる時代になった。「空間－時間の圧縮」(ハーヴェイ 1999：308-309)が進んだ時代に,私たちは生きている――いや,生きざるを得ないのである。時間と空間の圧縮された世界に住むようになったことは,人々の考え方や,人々がつくる社会の様子を大きく変えずには済まない(オルブロウ 2001：39-40)。例えば越境汚染,地球温暖化,種の絶滅といった環境問題のように,国を単位とした問題解決の仕方ではもはや解決できない問題,「グローバル・イシュー」(スティーガー 2010：105)が出てきた。この結果,人や社会は国境を超えてつながり,地球上に住むものは,みんな運命をともにしているひとつの「グローバル・ビレッジ」(マクルーハン 1986：52)に生きているという考え方をもつ人が増えた。そして,政治・経済・社会もそうした考えや動きに影響を受けるようになった。それでは,100年ほど前に作り出された社会学は,国の枠組みを越える問題や仕組みの登場という現実を受けて,どのように変化してきたのだろうか。

3 国境を超えた現象をとらえる視点

　ここでまず確認しておかなければならないのは，じつは100年どころかそのずっと前から，もうグローバル化が始まっていたと考える人もいることである。19世紀の帝国主義時代には，イギリスやフランスが世界の各地をまたいで植民地経営を行っていた。もっと昔，15世紀からの大航海時代にも，すでに人やモノは遠く離れた地域のあいだを移動していた。思えば，日本で16世紀に織田信長が天下統一を果たしたのも，海外からもたらされた鉄砲という技術の伝播が影響していたのではなかっただろうか。こうして考えると，数千年にわたる人類の歴史のなかでは，社会は国ごとに区切られているのを当然と考えるほうが，ごく一時期のことだったのかもしれない。ただし，今日ことさらグローバル化とよぶ現代社会に起きている現象には，やはり社会現象として，人類の歴史のなかではじめての特徴がいくつかあると考えられている。その特徴とは何かについては，これまでさまざまな人が議論してきた。仮にここにまとめてみると，①国民国家の枠組みに，いくつもの違う枠組みが上書きされた状態で進んでいくもの（多層型グローバル・ガヴァナンス）だという点，②速さも深さも，さまざまな面でちぐはぐに進んでいく（多次元アプローチ）という点，③ローカルなものとグローバルなものが互いに影響を与えながら変化している（グローカル化）という点，④どの国に生まれたかで人生の（物質的）豊かさが決まる時代は終わり，だれが勝者でだれが敗者かの構図が複雑になってきている（世界規模での新たな階層化）という点の四つにまとめることができるだろう。

　第一に，政治・経済・社会などそれぞれの次元／局面で，国の枠組みと，EUやASEANなど地域の枠組み，国連やパリ協定などグローバルな枠組み——などいくつもの違う枠組みが重なり合って動くという「**多層型グローバル・ガヴァナンス**」（ヘルド 2002：158-164）の状況が生まれている。グローバル化がだれの目にも明らかになりつつあったころ，国の枠組みを越えて活動する企業が増えればやがて国民国家の機能では追いつかなくなり，国の意味合いは小さくなっていくだろうと考える人もいた（ストレンジ（1998）はこれを「**国家の退場**」とよんだ）。しかし実際には人々の生活がどれほどグローバルになろうとも，文化・政治・経済的な力が国境を超えたものとなろうとも，本質的には国民国家の枠組みを超えられないルールや仕組みもまだ多い（スメルサー 2002：152）。例えば以前は「国ごとの市民権を越えた，地球規模のグローバル市民権というようなものが生まれていくのではないか」とい

う見方があった（Soysal 1994：159）。しかし人々が実際のところどれほど国境に関係なく生活するようになっても，あいかわらず国家だけが人権を守るほとんど唯一の仕組みのままという現状がある。

　第二に，今日のグローバル化は，速さも深さもそして意味合いとしても，それぞれの面でちぐはぐに進んだり，進まなかったり（逆に国境の意味が強まったり）しているという「多次元アプローチ」（スティーガー 2010：160-161）の見方がある。例えば，情報はインターネット上で24時間ほとんど自由に世界中の人とやりとりできるけれども，実際に人が国境を超えて移動するには，どこかの国が発行したパスポートを持ってそれぞれの国の入国審査ゲートで審査を受けなければならない（情報伝達システムはグローバル化したが，移動は国によって管理されている国際化の状態にある）。また，海外の会社の株を買って儲ける人がいるように金融の仕組みは国境を超えているけれども，実際にものを海外に売ったり海外に会社の支店や工場をつくったりする場合には，それぞれの国に許可を得て，それぞれの国の法律に従わなければならない（金融システムはグローバル化しているけれども，貿易の仕組みは国際化の状態にある）。このように，いくつかの側面では国境の意味が急速に弱くなりつつあるけれども，別のいくつかの面ではあいかわらず「国」による承認や保証が必要とされている。つまりグローバル化は局面ごとに異なる速さや深さで進んでいて，それぞれの局面がつながったり絡み合ったりしながら，ちぐはぐに進んでいるのである（アパデュライ 2004：68-77；ヘルド 2002：191；スティーガー 2010：160）。

　また第三に，現在のグローバル化の特徴には，今までにない速さでローカルなものとグローバルなものがお互いに影響を与えながら変化する——つまりグローカル化が進んでいるという点がある。かつて「グローバル化が進むと，最も大きな力をもつ国の文化（例えばアメリカの消費主義）に，各国の文化が飲みこまれていく（画一化・均一化していく）」という考え，「**文化帝国主義**」や「**マクドナルド化**」（リッツァ 1999）があった。また同じころ「グローバル化は世界とつながる一部の大都市（グローバル・シティ）のあいだをつなぐ形で広まっていく」（サッセン 2008）という考えも出てきた。これが今日では，「さまざまな事柄が地球上全体としての枠組みとその土地ならではの枠組みとで結びつき，お互いに変わりながらハイブリッドなものとして生まれ変わっている」（ギデンズ 1993：85）という考えが支持される場面が増えている。こうした状況のことをロバートソンは，「**グローカル化**」[3]とよ

---

3) 「グローカリゼーション」等とする訳もあるが，本書では「グローカル化」で統一した。

んだ（ロバートソン 1997：16）。これがあちこちで進むと，やがてアイデンティティと場所が必ずしも結びつかなくなる「脱領土化」が起き（トムリンソン 2000：186），モノだけでなく人についても，故郷をもたずいくつもの言語を話し，グローバルとローカルのあいだを生きる人々（ディアスポラ）が増えた点が指摘されるようになった（コーエン 2012：300）。今日では，人も物事もローカルかグローバルか，国民国家かグルーバル規模かという二者択一のイメージからこぼれ落ちる，「トランスナショナルな社会空間」にあるモノや考え方も重要だと考えられるようになってきた（ベック 2005：55）。

　第四に，「どの国に生まれたか」によって豊かな人生か貧しい人生かが決まる時代はおわったのではないかという「世界規模での新たな階層化」（ベック 2005：113）という見方がある。かつては南北問題といわれたように，欧米の豊かな国に生まれれば豊かな一生が保証され，アジア・アフリカの貧しい国に生まれれば貧しい一生となる——「どの国に生まれたかで豊かさ／貧しさが決まる」という考え方があった。地球上の国々は，資本主義経済システムに組みこまれていて，中核諸国 – 半辺境地域 – 辺境地域からなっているとか（ウォーラーステイン 1981：282），「優越し支配する側の西洋と，劣弱で支配される側の東洋」というイメージ上のパターン化（オリエンタリズム）が地理的な区分をもとに作られているとか（サイード 1993：103），考えられてきた。豊かさ – 貧しさの区別や差別するもの – されるものの区別は，「内」と「外」の論理にもとづいて，どの国／地域に生まれるかで決まると考えられてきたのである（トーピー 2008：251）。

　ところが，グローバル化が進むと，だれが勝者でだれが敗者かはどこ（どの国）に生まれたかで決まるほど単純ではなくなってきた。グローバル化によって社会的な不平等の形が複雑になり（アーリ 2006：136-137），世界規模での新しい社会・文化的な階層化が進んでいるというのだ。単にどの国籍をもっているかだけではその人の豊かさは決まらず，ジェンダー，人種，階級，宗教，エスニシティ，市民としての地位，ライフスタイル，年齢などさまざまな基準でその人の豊かさや立ち位置が決まるようになってきたという（コーエン・ケネディ 2003：154）。グローバル化が進むとさまざまなものの境界があいまいになって，アイデンティティは時と場によって使い分けられるようになり，一人の人間が一生のあいだずっと同じアイデンティティをもち続けるとは限らなくなる（オルブロウ 2001：149）。さらに形のうえでは同じ市民権をもっているのに，移民の子どもであることや人種・民族の違いを理由に，実際には日常生活のなかで権利が制限される人々が生まれている。かつ

ての豊かな国のなかにも貧しい人々が生まれ，かつての貧しい国のなかにも豊かな人々が生まれているのである。いまや強くて豊かな人々（中心）と弱くて貧しい人々（周辺）は，国境で分かれているといえなくなってきた。

4 本書の構成

　これまで整理したような切り口から，ひろく国境を超えた社会現象をとらえるというテーマを，本書ではできるかぎり世界各地の例から考えていく。この本のなかで取り上げる主題は，移民・難民・無国籍・家族・教育・医療・観光・メディア・宗教・犯罪・環境問題・紛争・貧困・消費である。本書の各章は，社会学以外を専門としながらそれぞれの分野の議論に秀でた方々にも，執筆をお願いさせていただいた。編集の都合上，章として含めることができなかった主題のいくつかについては，コラムとして収録した。アイデンティティ・芸術・スポーツ・保健衛生の四つがそれである。それ以外にもまだまだ多くの事柄が，これまでみてきた切り口から分析できるのは間違いない。

　まずこの章に続く第1部では，そもそもだれが「国民」でだれが「移民」「難民」かという境界線そのものがあいまいになっているという点をみていく。第2章では移民をテーマとした研究が直面する課題，「だれが移民（外国人）でだれが国民かの区別があいまいになっている」という点を取り上げる。第3章では難民問題を全体的にとらえるとともに，だれが難民かを定義することの難しさを考える。そして難民＝庇護される弱者という構図そのものを問いなおす。第4章では，これまで国際社会学のなかで取りこぼされがちだった，無国籍者の問題に光を当てる。

　第2部では，身近な生活がすでに国境を超えた仕組みに取り込まれている構造，つまり日常生活のなかでグローカル化が進んでいる状況をみていく。まず第5章ではオーストラリアの事例から，国境を超えて維持される家族が増えた今日，国による権利保証のシステム（市民権制度）だけでは人々の権利を守りきれないという例をみていく。次に第6章ではマレーシアを例に，国家戦略として国境を超えた教育戦略が展開されていく様子と，その意味を考える。さらに第7章では，世界のいくつかの地域では医療システムが国境を超えて支えられている状況と，その意味・将来を考える。

　第3部では，国境を超えて広がっていくようにみえる仕組みから浮かびあがる，国境を超えたつながりの複雑さをとらえる。まず第8章ではタイとマレーシアの国

境地帯の観光から，先進国－途上国という構図では収まらない新しい階層化が進む様子をみる。次に第9章では，中東からヨーロッパに広がるクルド人とメディアの事例から，国境を超えた移動とつながりのなかでメディアが国の枠組みをどのように越えているのか，そしてそこにどのような意味があるかを考える。また第10章ではイギリスのムスリム女性の例を通して，異なる文化や伝統をもつ別の共同体への「越境」がますます簡単になり，人々が共同体や伝統と結ぶ関係が複雑になるなかで，宗教とアイデンティティの関係がどのように変化しているかを分析する。

　第4部では，人類が解決しようとしているさまざまな問題は，ローカルな枠組みとグローバルな枠組みの両方が切り離せない形で絡み合っている点をみていく。第11章では，ヨーロッパの人身取引問題を例に，犯罪がいくつもの意味で国境を超えた仕組みのうえに成り立っていること，それを取り締まる仕組みをつくる努力とその限界を学ぶ。第12章では南アジアの森林減少を例に，なぜ森林が伐採されるのかというローカル社会の文脈から，グローバルな環境問題の構造をみる。第13章ではアフリカを事例に，世界のどこかで起きている戦争や内戦が，じつは国境を超えた複雑な利害関係や思惑と切り離せないという点をみていく。

　第5部では，世界には豊かな国と貧しい国があるという構図から，世界のどの国のなかにも豊かな生活をする人々と貧困に苦しむ人々がいる構図へと，世界のあり方が変化している点をみていく。第14章では，統計（GDPの国際比較）のうえでは世界で最も豊かな国であるはずのアメリカのなかに，貧困が広がる構図と対応策を探る。第15章では，アメリカ小売業者の南米諸国への進出という事例から，かつては豊かな国にあると考えられていた市場が，貧しいとされてきた国々に広がっている様子をみる。

　この本では上に挙げたそれぞれの点について，狭く深く議論はしていない。また，国際社会学の教科書でありながら多くの章をさまざまな専門の先生方に書いていただいたことは，それだからこそできることと，それだからこそ避けられない限界の両方があるだろう。ただ，国境を超えた事柄に関する一連の論点にはどのようなものがあるのかを整理する助けのひとつになることを課題として，この本は書かれている。

【引用・参考文献】

アーリ, J.／吉原直樹［監訳］(2006).『社会を越える社会学―移動・環境・シチズンシップ』法政大学出版局

アパデュライ, A.／門田健一［訳］(2004).『さまよえる近代―グローバル化の文化研究』平凡社

ウォーラーステイン, I.／川北 稔［訳］(1981).『近代世界システムⅡ―農業資本主義と「ヨーロッパ世界経済」の成立』岩波書店

オルブロウ, M.／佐藤康行・内田 健［訳］(2001).『グローバル時代の社会学』日本経済評論社

ギデンズ, A.／松尾精文・小幡正敏［訳］(1993).『近代とはいかなる時代か？―モダニティの帰結』而立書房

コーエン, R.／駒井 洋［訳］(2012).『新版 グローバル・ディアスポラ』明石書店

コーエン, R.・ケネディ, P.／山之内靖［監訳］伊藤 茂［訳］(2003).『グローバル・ソシオロジーⅠ―格差と亀裂』平凡社

サイード, E. W.／今沢紀子［訳］(1993).『オリエンタリズム 上』平凡社

サッセン, S.／伊豫谷登士翁［監訳］大井由紀・髙橋華生子［訳］(2008).『グローバル・シティ―ニューヨーク・ロンドン・東京から世界を読む』筑摩書房

スティーガー, M. B.／櫻井公人・櫻井純理・髙嶋正晴［訳］(2010).『新版 グローバリゼーション』岩波書店

ストレンジ, S.／櫻井公人［訳］(1998).『国家の退場―グローバル経済の新しい主役たち』岩波書店

スメルサー, N. J.／伊藤武夫・伊藤雅之・髙嶋正晴［監訳］(2002).『グローバル化時代の社会学』晃洋書房

トーピー, J.／藤川隆男［監訳］(2008).『パスポートの発明―監視・シティズンシップ・国家』法政大学出版局

トムリンソン, J.／片岡 信［訳］(2000).『グローバリゼーション―文化帝国主義を超えて』青土社

ハーヴェイ, D.／吉原直樹［監訳］(1999).『ポストモダニティの条件』青木書店

ベック, U.／木前利秋・中村健吾［監訳］(2005).『グローバル化の社会学―グローバリズムの誤謬 グローバル化への応答』国文社

ヘルド, D.／中谷義和［監訳］髙嶋正晴・山下高行・篠田武司・國廣敏文・柳原克行［訳］(2002).『グローバル化とは何か―文化・経済・政治』法律文化社

マクルーハン, M.／森 常治［訳］(1986).『グーテンベルクの銀河系―活字人間の形成』みすず書房

リッツア, G.／正岡寛司［監訳］(1999).『マクドナルド化する社会』早稲田大学出版部

ロバートソン, R.／阿部美哉［訳］(1997).『グローバリゼーション―地球文化の社会理論』東京大学出版会

Soysal, Y. N. (1994). *Limits of citizenship: Migrants and postnational membership in Europe*. Chicago and London: University of Chicago Press.

Part I

多様化する国民・移民・難民

Chapter 2

移民と国民の境界

現代の国際移動をどうとらえるか

酒井千絵

　政治，経済，文化が国境を越えて移動する現代社会において，人々の国際移動は活発化するとともに，戦争や環境破壊で故郷を離れる難民や庇護申請者から，自発的に国外に活躍の場を求める人まで，多様になっています。有効な旅券やビザを持つ人々ばかりではなく，資格や滞在期間が実態と合わない人，身分や滞在を保証する書類を持てない人々もいます。それでは多様な移動経験の中で，「移民」をどのように理解すべきなのでしょうか。相対的に均質だといわれる日本では，移民のイメージをもちにくいという人，日本で暮らす快適さから，「内向き」な人が多いともいわれます。しかし，下に示すイベントのポスターのように，日本の多くの町で多様なルーツをもつ市民が増加する中，その文化や言語の継承に取り組み，共有していく活動も行われるようになっています。この章では，日本社会における「日本人」と「外国人」の境界とそのズレについて，一緒に考えていきましょう。

日本以外にルーツをもつ住民を巻き込んだイベント（2014年，落合知子（神戸大学）提供）

1 はじめに:「移民」とはだれか

近年,移民の受け入れやその影響についての議論が盛んに行われるようになっている。しかし人々が必ずしも「移民」についての定義を共有していないことが,問題を複雑にしている。研究者や公的機関は,移民の実態を理解するために,調査や集計を行い,そのために「移民」を定義してきたが,必ずしもその定義やイメージは一致していないし,私たちが日常的にもっている認識とのあいだにもズレがある。例えば国際移住機関(IOM)は,国境を越えて移動している人の数を世界中で2億3000万人程度(2013年現在)と見積もっているが,その基準は「生まれ育った場所から1年以上離れて生活している人」である。大学の授業でこのデータを紹介すると,大学を休学して1年あまり留学やワーキングホリデーに行った自分や友人も「移民」なのかと驚く学生も多い。これは大学生たちの多くが,自分たちを「移民」になりうる者とは考えていないためである。

ただし実際には,各国がそれぞれの基準で集計したデータを国連が再集計しているので,1年以上の国外滞在が全て「移民」として計上されているわけではない。例えば日本国内に住んでいる外国人数は,法務省が『在留外国人統計』(2011年以前は『登録外国人統計』)で230万人と発表している。しかし,ここでいう「外国人」とは,日本での居住年数とはかかわりなく日本国籍をもたない人を指している。そのため,生まれて以来日本に住んでいる人でも国籍がなければ「外国人」であり,外国から来日した直後でも日本国籍があれば「在留外国人」には含まれない。国際移動を国ごとに比較するのが難しい理由のひとつは,このように基準が国によってバラバラだという点にある。つまり,私たちが何を「移民」とするのかを決めてはじめて,人の国際移動は意味のある現象として現れてくるのである。この章では,まず各国政府や研究者が国際移動をどのように問題としてきたのかを,時代を追って論じる。次に,最近の新しい国際移動のイメージや議論を,日本の事例を中心に紹介する。最後に,国境を越えて移動するという行為を,個人的な選択としてではなく,社会的な問題として議論することで,国際移動経験を定住から区別し,対立させる境界を問いなおす。

2 移民・国際移動を議論する枠組み

2-1 国際移動に影響を与える政治，経済的な国際関係

　国境を越える人の移動が多くの人にとって重要な問題とみなされるようになったきっかけは，19世紀のヨーロッパからアメリカやオーストラリアといった新大陸への大規模移動である。産業革命は伝統的な農村を工業地帯に変え，人々の働き方や暮らし方は大きく変化した。他方で，中世以来の帝国が力を失い，市民革命が各地で起こると，文化や言語を共有する人々が，平等な「国民」として，新しく誕生した国民国家に対する主権をもつという規範が生まれた。また，多様な民族を域内に抱え込む帝国は，しばしば市民による民族運動を抑圧した。このような時代背景のもとで，19世紀には数百万規模の移民が新大陸に渡ったのである。

　こうした国際移動は，「プッシュ＝プル理論」という図式で説明されてきた。送り出し側の国・地域には，住民がその場所を離れることを希望する「プッシュ（押し出し）要因」として，狭い土地や少ない経済的機会があり，逆に移民の目的地となる国や地域には，広い土地や多くの経済的機会が「プル（引き付け）要因」として働くという見方である。たしかに，19世紀のヨーロッパでは人口増加と経済的機会の不足，政治的抑圧による人口流出が起こり，またアメリカ合衆国をはじめとする産業化の波のなかで労働力の不足に直面していた。

　だが実際の人の移動は，政治的に最も抑圧され，経済的に最も困窮している場所に住む人が，最も豊かで自由な場所に移民するという単純な図式にはあてはまらない。国境を越えて移動するためには，資金や情報，ネットワークなどの経済的，社会的資源が必要であるため，移民の多くはもとの国では中間層に位置するといわれる。国際移住機関が，難民や庇護申請者に加えて，国内避難民の数を集計しているのは，戦争や災害時には難民以上に多数を占める，家や故郷を追われながら国内に留まっている人を支援しなくてはならないためだ。また国連は移民の出身地と目的地を南と北に分けて集計しているが，2013年の数値をみると途上国＝南の地域内で行われるものと，南から先進国＝北を目的地とするものがそれぞれ全体の35%を占め，北から北が23%，北から南が6%となっている。北と南の定義にもよるが，全体の4割強は南を目的地としており，豊かな先進国だけが移住の目的地となっているわけではない。

　「プッシュ＝プル理論」の前提と現実の国際移動のあいだのズレが起こるのは，経済的なメリットとデメリットだけを検討して，自由に選択する移民を想定して

いるためだ。これに対し，サスキア・サッセン（1992）は，人の移動に国や企業などが果たす役割が重要だと指摘した。とくに，各国政府が定める出入国管理の法律と政策が移動の増減に果たす役割は大きい。国による国際移動の管理とは，移動を制限・禁止することではなく，その出身地域や職業・滞在期間を，滞在資格（ビザ）の発給によって増減させること，そのなかでだれを受け入れ，だれを受け入れないのかを決めることである。この制度は国内外の状況に合わせて頻繁に調整され，人々の移動の可能性を左右する。

　人の移動に影響を与えているのは，国の出入国管理政策だけではない。例えば，戦後アメリカ系の多国籍企業が生産拠点などを置いたり，米軍基地に軍隊を駐留させたりした国・地域から，多くの人がアメリカに移民している。これは，経済活動や軍隊を通じて，お金だけでなく，人・文化・情報などがアメリカから持ち込まれ，人間関係のネットワークやアメリカ文化への親しみを作り出し，移住を促す効果があったためである。また，既に移住している親族や同郷の人々の存在が移住を後押しすることもあり，移住先の国でもこうした出身地のネットワークが移住者たちの生活に大きな役割を果たしている。

■ 2-2　経済だけでは説明できない移民の動機

　人々が移動を決断するきっかけは，必ずしも経済的な動機にとどまらない。これまで移民は，経済的に困窮した発展途上国から豊かで就労機会も多い先進国へ移動するイメージで，語られることが多かった。しかし，交通や情報のテクノロジーが発達し，主要産業や人々の働き方にも変化が起こるなか，移動する人々の動機を固定的なイメージでとらえることは難しくなっている。

　現在の移民は一般的に飛行機で移動しており，近年は移動にかかる費用もますます下がっているため，船で移動し，移住地からいつ戻れるかわからなかった時代とは，行動パターンや性質も変わってきている。例えば多くの国が国境を接するヨーロッパでは，1985年以降シェンゲン協約によりEU内での人の移動が段階的に自由化されてきたこともあって，出身国から勤め先のある近隣国へ短期間の移動を繰り返す「通勤移民」も増えている。また留学やワーキングホリデーなど相対的にとりやすい滞在資格で移動可能な国に移ったあとで，改めて目的に合った国や地域に移動する人々の存在は，国際移動を送り出し国と受け入れ国の二国間で考えるモデルを問いなおす。また，イギリスから南欧へ，日本からオーストラリアへなど，経済的な利益よりは精神的に豊かな生活に惹かれて移動する「ライフスタイル移民」

の増加にも関心が集まっている（長友 2013）。

　また，国際結婚や先行して移民した男性にあとから合流する家族結合による移動は，移住を主体的に選択する個人という移住者モデルに当てはまりにくく，結果的にこうした移動手段をとることが多い女性の移動は過小評価されてきた。例えば結婚は，国内・国外を問わず個人的な行為と考えられてきたが，彼女たちは正規の労働市場からはみえにくくても，家事や家族内労働，子どもの社会化，非正規労働を通して，送り出し元・受け入れ先双方の社会に大きな影響を与えている。さらに最近では，女性の家族結合移民に加え，非婚化や少子化が進む先進国に，主に人口の多い発展途上国から女性が移動する国際結婚移民も増えている。産業の変化にともなう女性の就労状況や家族の変化が結婚移民増加の背景にあり，異なる文化や言語をもつ国へ移動することで，女性本人や家族は多大な影響を受ける。こうした移民の選択を個人の問題にすることなく，社会的に考えていく必要があるだろう。

　同時に移動経験の変化は，移住者が受け入れ国に与える影響を問いなおす。例えばいったんは失われた文化や慣習が，受け入れ社会とのかかわりのなかで改めて獲得されること，複数の文化や言語を継承する人々の存在，またもともとは複数のエスニック集団が，受け入れ社会の分類の影響を受けてひとつの集団にまとまるなど，複雑で多様な事例が観察されてきている。

3　日本における国際移動のイメージと実態

■ 3-1　「移民」は自分とは無縁のできごとなのか

　冒頭で述べたように，日本の大学生が「1年以上の滞在」を含む移民の定義に驚くのは，日本に住む人々が移民をどこか遠くで起きていることとみなしているためではないだろうか。多くの日本人が江戸時代の「鎖国」政策に関する知識から，文化や人口構成が均質で，他からの影響を受けない日本というイメージをもっている。しかし，長いあいだ，日本は中国をはじめとする周辺地域から文化的影響を大きく受けてきたし，近代以降の日本は積極的に移民を送り出す国のひとつだった。ここでは近代以降の日本からの移民の経験を歴史的に概観し，データとの認識のズレをみていこう。

　日本では，明治維新の年である 1868 年のハワイとグアムへの「元年移民」を皮切りに，ハワイ，アメリカやカナダの西海岸，ブラジルやペルーなどの南アメリカ諸国に移民の送出が行われた。並行して軍事侵略と植民地化を伴うアジアへの移民

もすすみ，1930年代には満州移民の送り出し政策が本格化している。第二次世界大戦の敗戦時点で，国外に住んでいた日本人は，兵士や軍属も含め，5-600万人ともいわれている。なかでもブラジルでは1908年から始まった移民が，戦争による中断をはさんで戦後も続き，現在でも日系人がブラジル最大のエスニック集団のひとつとなっている。しかし，国際移動の歴史も日本の現代史を構成する重要な出来事だという認識は，日本ではあまり共有されていない。

また，日本からの移民の歴史が語られる時には，移住先での苦難など否定的な面が強調される傾向がある。1935年に創設されたばかりの芥川賞を受賞した石川達三の『蒼氓』は，日本での苦しい生活から逃れようとする弟と，移民を希望する家族のために，自分の気持ちを抑えてブラジルへ移民する姉を中心に，日本を離れざるを得ない人々として移民を描いている。また「移民」とは，国家から見捨てられた「棄民」だったというイメージが強調されることもある。日本から外国に移動する人々への関心の低さや否定的なイメージは，ひとつの国に住み続けることと比較して，移民という経験自体を例外的で不幸せなこととする見方につながっている。

現在日本には，230万人あまりの外国籍の住民が暮らしており，加えて帰化や国際結婚などにより外国につながりをもつ日本国籍の人も増えている。また日系ブラジル人など，日本で暮らす外国籍住民に日本にルーツをもつ日系人が多数含まれることは，日本からの移住の歴史を私たちに思い起こさせる。しかし，日本からの移民の歴史に対する無関心や否定的なイメージは，国境を越える移動そのものへの拒絶反応や，外国出身の人に対する偏見や差別意識のもととなっているのではないだろうか。また，プッシュ－プル理論にもとづく移民モデルは，移民は個人的な選択であり，経済的に豊かな地域に来ている人々だという偏見を無批判に受け入れる要因となっている。その結果，日本政府の出入国管理政策が人の流入に果たしている役割を，見落としてしまう可能性がある。

■ 3-2 日本をめぐる国際移動と日本人の境界

政策的に行われてきた日本からの移住は1960年代まで続いたが，その後減少していった。しかし3ヶ月以上の国外滞在を長期滞在者とする外務省の統計をみると，2014年現在，外国で生活する日本人は130万人に上る。円高が進んだ1980年代以降は，若い世代であっても，自分の貯金で留学やワーキングホリデー，旅行などを目的に海外に住むことが可能になった。また，日本企業が生産拠点や市場を国外に展開すると，これらの企業と関わりながら，仕事に就く日本人も増えている。こう

した海外滞在は通常，移民とはよばれず，当事者自身も自分を移民とは考えていないことが多い。しかし前節で述べたように，社会や産業のあり方に応じて人々の移動経験も変わっており，以前の政策的移民と同様のモデルで，現在の移民を考えるのは無理がある。移住する当事者自身が，自分は移民とは違うと考えていることも含めて，国際移動経験の意味を考える必要がある。

2000年代以降，経済のグローバル化が進むなかで，政府や企業は，グローバルな能力を身につけた人材が日本社会の発展に必要だという観点から，日本人の海外留学や帰国後の就職などに対する支援をすすめている。背景には，現在の日本人が留学や海外滞在に消極的で，「内向き」志向を強めているという批判がある。その根拠は，主にアメリカへの留学数減少にあるようだが，ユネスコやOECDの統計から日本人留学生数の推移を集計する文部科学省の資料をみると，「内向き」な日本の若者という評価にはやや疑問符がつく。2010年代の留学生数は，たしかに2000年代前半の8万人台と比べると，5万人から6万人に減少している。だが，1980年代には2万人に届いていなかった。つまり，この30年あまりで日本人の留学数は大幅に増加している。また，オーストラリアやカナダなどにワーキングホリデーなどを利用して長期滞在する日本人も増えており，自分で海外に出た若者たちを「グローバル人材」と位置づけてこなかった，日本のグローバル化政策への批判もある（加藤・久木元 2016）。

留学に限らず，日本人の海外渡航は1964年に自由化されたのち，徐々に増え，1985年以降の円高で急増した。また日本経済のグローバル化が進んだため，海外拠点に派遣される社員や，英語習得を目的とする留学生に加え，海外に自分で渡航し，日系を含む現地企業に直接雇用される者なども目立つようになった。男性だけでなく，女性の海外滞在が増えてきたのも近年の傾向で，1999年以降，女性が男性を上回り，とくに北米，西欧，オセアニアでこの傾向が顕著である。

日本に海外から流入する外国人が増加したのも同じ時期である。とくに1990年の入管法改正で「定住者」という滞在資格が新設され，日本人の海外移民を祖父母の代までにもつ日系人が，滞在中の活動制限なく日本に滞在できるようになった。また，この時日本で技術を学ぶという名目の在留資格である「研修」や「技能実習」で外国人を受け入れ可能な産業領域が広がった。今日，日本の製造業や農業などでは，これらの在留資格で来日し，滞在する人々が，すでに欠かすことのできない労働力になっている。つまり，特別な技術や技能を必要とする専門職以外の労働者の滞在を認めていないはずの現行の出入国管理のもとで，就労を主目的としたビザを

もたない人が，実際には日本で仕事に就いているのである。日本社会は，こうした人々をあくまでも一時的な滞在者とみなし，日本社会が移動する人々によって多様化しつつあるという現実から目を背けている。しかし実際には，国境を越える人々が，日本社会とそこで暮らす人々の生活に大きな影響をおよぼしている。

このように現在の日本は，さまざまな滞在資格で多様な人々が暮らしていながら，制度的にそのことが見えにくい社会でもある。そのため，日本を日本人のみが住む均質な社会だと考える人も依然として多い。しかし日本でずっと暮らしてきた若者にとっても，半年から1年程度の留学やワーキングホリデーは，身の回りにも経験者がいる身近な国際移動だろう。自分にとって身近な海外渡航，滞在を，日本で暮らしている外国人の経験と比較し，両者の相違点だけでなく，共通点にも目を向ける必要がある。

4 おわりに：移動がもたらす社会の多様性

近年，国境を越えて移動する人の増加により，同じ言語や文化をもつ国民が構成する「国民国家」の前提が崩れることへの不安や危機感が，世界中で共有されている。日本に限らず，社会が変化するなかで，いろいろな問題を移民の増加に押しつけたり，政府の移民政策に反対したりする政治的主張も現れている。とくに問題なのは，民族的少数者に向けられるヘイトスピーチなど，社会的な問題の原因を外国出身者や外国籍をもつ人に押しつけるような態度が支持を集めていることである。

しかし，第1節で述べたように，国境を越える人の移動は，個人の自由な意志だけによるものではなく，出入国管理政策，企業や軍隊を通じた文化の伝播，これまでの移住の歴史が作る文化的なつながりや人のネットワーク，など複合的な要因によるものである。移民を非難する主張が問題なのは，人口減少や働き手の不足で必要となる労働力としては移民に期待しながら，移民の社会保障や教育などの負担は負いたくないという，受け入れ社会の矛盾が移民に向けられているからである。

日本社会では，歴史的に移民に否定的な認識が強かったために，国外から日本に来た人々に対しても，十分に現状を理解せずに，自分たちとは異なる人々として遠ざけてしまう傾向がある。しかし，日本からさまざまな目的で海外へ行く人々も，日本にやってくる人々も，また，日本で移民と関わっている人々も，ともに国際化する日本という場所をつくり上げている。国際移動経験が以前よりも柔軟なものへと変わっている現在，移民は，国民と対立する集団ではないのだ。私たちは多様な

文化的背景をもつ人々を含む新しい社会を，自分たちの手でつくり上げていかなくてはならないのである。

【引用・参考文献】

加藤恵津子・久木元真吾（2016）．『グローバル人材とは誰か―若者の海外経験の意味を問う』青弓社

サッセン，S.／森田桐郎［訳］（1992）．『労働と資本の国際移動―世界都市と移民労働者』岩波書店

長友　淳（2013）．『日本社会を「逃れる」―オーストラリアへのライフスタイル移住』彩流社

【映画紹介】

ケン・ローチ［監督］（2007年，イギリス）『この自由な世界で』[96分]

セクハラを訴えて逆に解雇されたシングルマザーのアンジーは，大学は卒業したが仕事のない友人と，人材会社を起業する。しかし「不法滞在の外国人の方が，待遇に文句も言わず，使いやすい」という話を聞いて……。新自由主義が強まる現代社会で，人間らしく働くことの意味を問いかける。
（DVD 販売元：ジェネオン エンタテインメント）

栗原奈名子［監督］（2008年，日本）『ブラジルから来たおじいちゃん』[59分]

1930年代に日本からブラジルに移民した紺野堅一さんは，今も毎年26時間以上かけて日本にやってきて，日系ブラジル人たちと会う。日本からのブラジル移民，日系人の日本移住，国境を越えて複数の場所と関わる人々のアイデンティティなどについて考えさせてくれるドキュメンタリー作品。
（画像出典：http://cineaste.jp/l/1800/1826.htm）

ヤスミン・サムデレリ［監督］（2011年，ドイツ・トルコ）『おじいちゃんの里帰り』[101分]

1960年代のドイツに働きにきたトルコ人のおじいちゃんは，その後妻や子どもたちを呼び寄せてドイツに定住した。50年がたち，彼は家族全員でトルコに行こうと提案する。子どもや孫たちは旅を通して，家族の歴史を振り返り，自らの複合的なアイデンティティを受け入れていく。
（DVD 販売元：TC エンタテインメント）

Chapter 3
グローバル化時代の難民・国内避難民

「難民」とはだれかを問いなおす

滝澤三郎

　2015年の秋，トルコ沿岸の地中海に打ち上げられた幼いシリア難民の少年の遺体写真は，2011年以来のシリア内戦や同国を逃れた490万人以上の難民に関心を示さなかった世界の人々に衝撃を与えました。写真はシリア難民への大きな同情をよび，メルケル首相が難民を歓迎するとの姿勢を示したドイツには1年に100万人を超す移民・難民が流入しました。しかし急激な流入はEU諸国民の反移民・難民感情を巻き起こし，EU諸国の対応の乱れからEUの政治危機，さらに移民・難民の欧州からの閉め出しを引き起こしています。本章では，命を守るために他国に庇護を求めた難民が，その国の国民の利益を優先する政府に翻弄される現実と，その矛盾をグローバルな視点から越えようとする努力を取り上げていきます。

レスボス島（ギリシャ）にたどり着いたシリア難民
(2015年 ©UNHCR　A. McConnell)

1 はじめに

「難民」という言葉を聞く時,私たちは「就職難民」「介護難民」など,「可哀想で助けを必要とするたち」をイメージする。人によってはバルカン半島を徒歩でドイツに向かう人々を思い出すかもしれない。じつは「難民とは誰のことか」という問題は長く議論されてきた。難民の定義によって,だれを助けるべきか,だれ(どの国)が助けるのか,裏返すと「誰を助けないか」という問題が出てくることから,定義自体が政治的,倫理的な意味をもってくるのだ。

1951年に国連で成立した難民条約は,難民を「人種,宗教,国籍もしくは特定の社会的集団の構成員であること,または政治的意見を理由に迫害を受けるおそれがあるという十分に理由のある恐怖を有するために,国籍国の外にいる者」と定義している。当時の難民は共産主義諸国から西側の自由主義国に逃げてきた「政治亡命者」が中心だった。そのような人々は「条約難民」とよばれる。自分の国から他国に避難してきているという点で,難民はグローバルな存在だが,図3-1は,難民とそれ以外の人々(国内避難民,移民)の関係を「人の国際移動のサイクル」という視点から表している。

2 グローバル化時代の難民

1951年に国連難民条約ができてから65年間,難民の定義は広がってきた。今日,

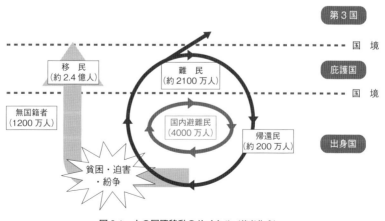

図3-1 人の国際移動のサイクル (筆者作成)

私たちがメディアなどで目にする難民は多くが「紛争難民」だ。シリア内戦で砲爆撃で家を壊され，拷問されたり，経済が崩壊して食料や医薬品が不足し，これ以上ここにいては命が危ないと判断し，トルコなどに助けを求める人々は「紛争難民」の典型だ。「紛争難民」は，厳密には難民条約にいう難民の定義には当てはまらない。難民条約は政府などによる特定の個人への「迫害」のおそれを難民の条件としており，武力紛争で国民全員が危険に面するような状態から逃げてきた人々は対象にしていないのだ。しかし，今日ではこのような人々も難民に準ずる形で保護する国がEU諸国を中心に増えてきた。

難民の定義の拡大のもうひとつの例は，「女性への暴力」など「新しい形の人権被害者」だ。内戦のなかで集団的レイプが行われたり，女性であるためにさまざまな人権侵害がされてきた。かつてはこの問題は避けられないものと考えられていたが，戦後の人権規範の進展により「あってはならないこと」という国際的合意が成立し，そのような女性たちが保護を求めて来た場合も難民条約にもとづく難民として保護を与える国が増えている。

他方で，難民と同じように迫害や暴力の対象となっていても自国にいるために難民とは認められないのが「国内避難民」だ。住む町が破壊されて食料すら不足しても，町が武装勢力によって包囲されたり，途中の道が危険で国境までたどり着けないシリア人はその典型だ。国内避難民は，自国の政府が守る能力がないか，守るつもりもなくても「主権の壁」に阻まれて国際社会の支援が届かないなど，難民より厳しい状況にいることが多い。このように自分の住む国や町から「移動を強いられ

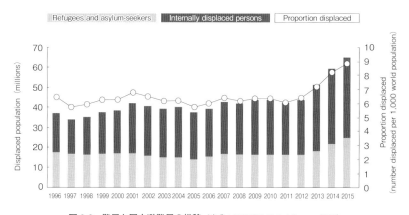

図 3-2　難民と国内避難民の推移（出典：UNHCR Global Report 2015）

た」難民と国内避難民はそれぞれ2100万人，4000万人もおり，無国籍者などを含めると「移動を強いられた人々」は世界全体では6500万人に達する（図3-2）。仮に皆が集まって「難民国」を作れば世界で20番目の人口を擁する国になる。

3 難民のグローバル化／越境化をめぐる議論

　ここで難民発生の原因を考えよう。第二次大戦後，国連に加盟する国の数は増え続け，今日では193に達するが，そのすべての国が安定するのは難しく，多くの国ではガバナンス（統治）が脆弱である。事実，冷戦の終結後，ソマリア，アフガニスタン，イラク，シリアなどで民族・宗教・宗派の対立や資源を巡る争いが武力紛争に至り，これらの国は「脆弱国家」または「破綻国家」となった。政府が国民を守る責任を果たさないか果たせない，または「国民」自体がいくつにも分裂して争うという「国家の崩壊状態」から多くの難民が生じた。難民問題の根本原因は当事国の「統治の失敗」である。

　ところでアウトサイダーである難民（彼ら）の存在は，インサイダーである国民（我々）の結束を強め，むしろ国民国家体制を強化する面もある。大量の難民が流入した欧州でナショナリズムが強まっているのはその例だ。その意味で，難民は国民国家が続く限り今後も発生すると考えられる。以下，本章では①難民の国際的保護体制，②難民と移民の線引き，③大量難民の時代と受け入れ国の対応の限界，④難民に関わる密航業の産業化の四つの側面から，グローバル化時代の難民をめぐる問題を検討していく。

　まず第一に，難民の国際的保護体制をみていこう。今日，難民は国際社会によってどのように守られているのだろうか。国際社会は「各国の庇護責任」と「国際的な負担分担」によって難民問題に対処してきた。難民の国際的保護体制は，1951年の難民条約と1967年の議定書，**国連難民高等弁務官事務所（UNHCR）**と1000近い国際的NGOから成る。国際的保護の具体的な方法のひとつは，たどり着いた人々の難民性を審査し，難民と認定した場合に国内で保護する「庇護制度」であり，難民と認定された者（さらには難民申請をした者）を，迫害の恐れのある国に強制送還してはならないとする原則（ノン・ルフルマン原則）が重要である。もうひとつは，紛争国の近隣の途上国などに多数の難民が流入して滞留し，経済的・社会的・政治的に過分な負担を負わないようにするための「負担分担」で，流入した難民の一部を先進国が引き受ける「第三国定住」と，受け入れ国の財政的負担を軽減するため

の「資金協力」とにわかれる。

　第二に，難民と移民の判別をつけることの難しさを考えてみよう。ドイツに昨年流入した100万人の難民申請者のうちほぼ半数だけが（真の）難民で，残りはアフリカや中東，東欧からの「経済移民」だといわれる。経済のグローバル化が進むなかで，南の途上国と北の先進国の経済格差が広がる一方で，途上国の人々は先進国の豊かな生活をテレビやインターネットで知るようになった。先進国での高収入にあこがれて多くの移民が先進国に向かい「私は難民だ」と主張して入国を図るようになった。もともと難民と移民を厳密に区別するのは困難だ。紛争は貧困を招き，貧困は紛争の一因となる。リベリアやシエラ・レオネなどの後発開発途上国からは，生存をかけて仕事を求めて流出する「生存難民」（survival migrants）が出ている。紛争を逃れる難民も，「生存移民」も，「生きるために」外国に行く点では同じだ。しかし大半の移民や「生存移民」には先進国への合法的入国ルートはないため，難民制度が利用されるようになったのだ。

　第三に，大量難民と受け入れ国にかかる負担についてである。紛争難民の特徴は多数で逃げることである。シリアからは490万人が逃げ，かつてのバルカン戦争でも約90万人が欧州諸国，なかでもドイツに逃れた。多数の難民申請者が一挙に流入すると，一人ひとり難民かどうかを審査する現行の難民保護体制は機能しにくくなる。言葉や文化・宗教の異なる多数の難民が入国すると，定住と社会統合にも費用がかかり，受け入れ国にとって社会的・経済的・政治的に問題となりうる。しかも難民はドイツなど一部の国に集中する傾向があり，問題は深刻化しやすい。

　第四に，密航業者の「産業化」が挙げられる。今日の難民申請者の大半は「密航業者」を利用する。業者は目的国の選択から，偽造パスポートの入手や，航空券の手配，難民申請のアドバイスまでをする。リビアなどで暗躍する業者は，一人あたり数十万円の密航料を受け取ってからゴムボートに大勢を乗せて地中海に送り出す。このため沈没する難民ボートがあとを絶たず，2016年だけで死者は5000人に上った。2015年にドイツに移動した移民・難民が密航業者に払った金額は，5000億円ともいわれる。他方で，密航業者は合法的な入国の方法がない難民の目的国への入国を助けるという面もある。国際的密航業者の暗躍はグローバリゼーションの「陰」の部分であり，各国とも対応に苦心している。

4 「逃げる人」から「選ぶ人」へ

　シリア内戦に伴う難民危機では，中東からの移民・難民が4000キロも離れたドイツに向かう姿は世界を驚かせたが，それは移民・難民の「移動能力」が強化されたからであるともいえる。グローバリゼーションのなかで航空運賃は下がり，陸路でもGPS付き携帯電話で位置と国境管理情報を得ながら移動できる。難民は遠く離れた国でも庇護申請することが可能となり，難民の向かう国は多様化している。

　言い換えると，難民は受動的に「逃げる人」でなく，逃げる国を主体的に「選択する（出来る）人々」になったのだ。そんな難民に人気のある国は，旧植民地宗主国など歴史的つながりがある国，同国人（難民）コミュニティがある国，高い生活水準と雇用機会のある国，難民申請者にも社会保障がおよぶ国，観光ビザなどが取得し易い国だ。「難民に優しい国」などのイメージをもつ国や「難民認定率」の高い国も人気がある。スウェーデンやドイツがその例だ。

　しかしこの事態は，難民の「閉め出し」という事態に結びついた。多数の難民を受け入れる少数の国には，多大な経済的・政治的・社会的コストがかかる。言語教育，経済的自立支援，地域社会への統合・編入，宗教的違いの克服などは容易ではなく，とくに多数の流入は受け入れ社会に大きな緊張と摩擦を生む。「誰を受入れるか」は難しい問題であるが，宗教や文化の違う外国人との共生をどうするか，受け入れ後の「社会統合をどうするか」はさらに難しく，長期にわたる社会・経済課題となる。加えて近年に欧州諸国で起きたテロ事件では，少数ではあるが犯人が難民制度を利用して入国していたことがわかり，難民の大量流入に不安感を感じていた欧州市民のあいだでは反難民の動きが強まった。このため各国政府は難民と「国家の安全保障」を結びつけるようになり，国境にフェンスを築くなどして難民の流入抑制を強化した。EU諸国は長い年月をかけて人権規範を発達させ，難民の保護面でも世界をリードしてきたが，それが逆流するようになったのだ。アメリカでも移民・難民の排斥を主張するトランプ大統領が誕生した。グローバルに動く難民とナショナルな利益を守ろうとする国家の衝突のなかで，世界的に「ナショナリズムの復権」がみられる。

　今後の難民保護の方向性を考える時には，難民の利益と各国の利益の両立を図る点で，負担の分担を図る「第三国定住」と「資金協力」が重要性を増すだろう。自力でたどり着いた難民申請者を審査して保護する「庇護」と異なり，難民キャンプなどで受け入れる難民を選考する「第三国再定住」の利点は，女性や孤児，病人な

ど弱い立場の人々を救う人道性である。また治安上の懸念や，計画性，予見性など国家の利害をも考慮する点で政治的な妥当性をもつ。

資金協力の良い点は，遠く離れた国の個人でもできることと，限られた資金の効率的使用だ。先進国での難民支援コストは一人平均で年間2万ドル以上であるのに対し，生活コストの低い途上国の難民キャンプなどでのコストは1000ドル前後だ。途上国では同じ資金量で20倍の人数の難民の支援をするか，一人当たりの難民への支援量を20倍に増やすことができることになる。周辺受け入れ国での支援が充実すれば，難民は地理的にも文化的にも近い周辺国で帰国を待つことができ，命がけで数千キロ離れた異国に行く必要性も減る。EU諸国は流入した難民支援で数兆円規模の資金を使う見込みだが，その一部をトルコやレバノンなどに供与すれば欧州への流入数を減らす可能性がある。

5 日本における難民問題

日本における難民申請数は近年に急増して2016年は1万901人となったが，難民として認定される人の数は28人にすぎなかった（図3-3）。申請数が急増している理由と認定数の少ない理由を考えてみよう。難民申請者の数が急増している主な理由は，日本で働くことを目指す人々（経済移民）が難民制度を利用していることだ。2010年に1202人だった難民認定申請者は2016年に1万901人に急増したが，日本で難民申請をする人の80％はベトナム，フィリピン，インドネシアなどの，

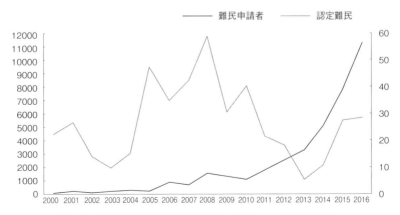

図3-3　日本の難民申請数と認定数（出典：法務省データから筆者作成）

紛争や迫害など難民を押し出す「プッシュ要因」があまりない東南アジア諸国出身だ。シリアなど紛争国からの申請者は合わせても数百人だ。他方で日本には「プル要因」がある。2010年に法務省は，「合法的滞在者が難民申請をした場合には半年後から就労を認める」ことにした。また「観光立国」のため，インドネシアやベトナムなどについて，ビザなしの入国を認めることにした。国内では労働力が不足する一方で東南アジア諸国の賃金水準はいまだ低いという経済格差のなかで，これらの政策は「経済移民」が難民制度を利用する誘因となった。難民認定制度は，単純労働者は受け入れないという日本の移民政策のなかでの「抜け穴」となっている。

　日本で難民の認定数が少ない第一の理由は，日本が紛争国から離れていて来日コストが高いため，もともと日本を目指して来る（真の）難民が少ないことだ。第二は，難民認定が厳しいという国際的定評だ。隣国中国からは毎年1万人以上の難民申請者が出るが，その大半はアメリカやカナダに向かい，日本には2015年でも167人しか来なかった。また毎年数万人の難民申請者を出すロシアからはゼロだ。490万人のシリア難民のうち日本で難民申請したのはわずか69人にすぎない。法務省の「難民」の定義は極めて狭い。1951年難民条約は「政治亡命者」を念頭に作られているが，法務省はそれを忠実に解釈し，近年増えている「紛争難民」は難民と認めない。その背景には，日本にとって負担となりうる難民の受け入れは増やしたくないという「国家の論理」がある。日本政府の長年の方針は，外国人の定住・永住を伴う「移民政策」はとらないというもので，定住・永住を前提とした外国人（難民）に対する日本語教育や職業訓練などの社会的インフラがないから，難民の早期自立は困難になる。消極的な難民政策は消極的な移民政策の結果だ。第三に，政府の消極的な姿勢は「外国人との共生」に後ろ向きな社会体質を反映している。日本では市民のあいだに，途上国からの難民や移民への漠然とした不安感がある。人口減少が続く日本だが，世論調査で移民・難民の受け入れの賛否を問うと半数以上が反対を示す。いわゆる「難民鎖国」の原因は「政府」だけでなく「社会」にもある。日本では移民や難民の受け入れは「社会的障壁」にもぶつかっているのだ。

　ところで，難民の保護には，直接的受け入れと並んで，難民を多数受け入れている途上国に対する資金協力があるが，この分野では日本は国際社会の「優等生」である。日本は毎年200億円から300億円の資金協力をUNHCRなどにしており，これはアメリカやEUに次ぐ額で，これにより難民や国内避難民の300万人から400万人の命が救われている計算になり，日本の貢献は極めて大きい。国際的な難民保護を巡る責任と負担の分担で「共通だが差異ある責任」という考え方をするな

ら，日本は「人の受け入れ」という不得意分野でなく，「資金協力」という得意分野で貢献しているといえるだろう。

6 おわりに：難民への視線の転換の可能性

　私たちはこの先，難民の「人間の安全保障」を「国家の安全保障」と両立させる道を探さなければならない。目指すべきは，「規律ある人道主義」，つまり人権保護を念頭においた秩序ある難民受け入れと市民との「共生」だが，これはナショナルなものとグローバルなものとの両立を目指すことでもある。

　そのためには，難民を単に「可哀想な人」とみるのでなく，主体性をもつ人々，意欲があってリスクを取れる人々である点にも注目すべきだ。2016年のリオ・オリンピックでは大会史上初の「難民チーム」が結成されたが，国籍にとらわれない文字通りのグローバルチームが多くのナショナルチームと競う姿は，今後のグローバルな世界のあり方を暗示している。難民は必ずしもつねに弱く庇護される者ではなく，苦難に耐えて人生の再建を図るたくましい人々でもある。

　難民自身も，避難体験を「喪失」としてではなく，新しい国での人生再建の機会と考えるなら，自立へのエネルギーも湧いてこよう。このように難民をとらえることで，難民にも国家にも新しい発想と対応が生まれてくるかもしれない。

　マクロなレベルでは，ドイツに流入した多数の難民を，少子高齢化が進むなかで若い労働力を一挙に獲得する機会とみなし，統合支援費用を人材育成のための「投資」とする戦略的思考もある。「難民負担論」に代わる「難民貢献論」の出現だが，これもグローバル社会における国家と難民の新しい関係を示しているといえよう。

【引用・参考文献】
小倉孝保（2016）．『空から降ってきた男―アフリカ「奴隷社会」の悲劇』新潮社
カースルズ, S.・ミラー, M. J.／関根政美・関根　薫［監訳］（2011）．『国際移民の時代　第4版』名古屋大学出版会
滝澤三郎（2014）．「日本における難民第三国定住パイロット事業―難航の背景を探る」墓田　桂・杉木明子・池田丈佑・小澤　藍［編］『難民・強制移動研究のフロンティア』現代人文社．pp.144-163.
滝澤三郎（2016）．「難民と国内避難民をめぐるダイナミズム―国際公共財の観点から」『移民政策研究』8. 6-25.

滝澤三郎・山田　満［編著］（2017）．『難民を知るための基礎知識』明石書店
錦田愛子［編］（2016）．『移民／難民のシティズンシップ』有信堂

【映　　画】
国連難民高等弁務官事務所（UNHCR）駐日事務所と，特定NPO法人国連UNHCR協会共催で毎年9月から10月にかけて開催される『難民映画祭』では難民に関連した内外の名作が無料で鑑賞できる。詳細は http://unhcr.refugeefilm.org/2016/ 。

【映画紹介】

マイケル・ウィンターボトム［監督］（2002年，イギリス）
『イン・ディス・ワールド』［88分］
パキスタンにある難民キャンプで育ったアフガニスタン人の少年が，生命の危険はないかもしれないが夢や希望を持つことが難しい難民キャンプから，イギリスへと移り住む「旅」を描く。彼らに許される「旅」とは，いつ捕まるかわからない密出国・密入国を繰りかえして少しずつイギリスに近づくこと。騙されるかもしれないと知りながらも密入国業者に大金を払い，死んでしまうかもしれないと思いながらもその業者の手引きに身を任せる長い「旅」の物語。2003年 ベルリン映画祭金熊賞受賞作品。
(DVD販売元：アミューズソフトエンタテインメント)

Chapter 4

無国籍の人はナニジンですか

国境を越える人，国の枠組みを越えられない権利

陳　天璽

　「ナニジンですか」と聞かれたら，あなたはどう答えていますか。たいていの人は，国籍をもとに答えていることが多いようです。現代社会に生きる私たちは「国」の枠組みでモノを見たり，考えることを当然としてきました。そのようななかで「人はだれでも国籍を持っていて当然だ」と思っている人が多いのではないでしょうか。しかし実は，生まれながらにして国籍が与えられずに育っている子ども，国籍を失ってしまった人々，どの国にも国民として登録されていない人がこの世の中に生きています。私たちが暮らしている日本も決して例外ではありません。このような人々を無国籍者とよびます。

　無国籍者は，国籍のない人，どの国にも法的に国民として認められていない人を指します。本章では，無国籍者に着目し，そのような立場の人々が生まれる原因，グローバル化と国籍の矛盾点，そして無国籍者と社会の関係性や彼らのアイデンティティについて考察していきましょう。

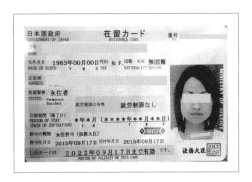

無国籍者の在留カード（2016年，筆者撮影）

1 はじめに:「無国籍」という言葉のイメージ

無国籍という言葉は,無国籍料理,無国籍音楽など,現代社会で頻繁に使われるようになっている。インターネットのキーワード検索で無国籍と入力すると,無国籍料理店の紹介が列挙されることからも,無国籍という言葉が社会において市民権を得ていることがわかる。

では,人々は無国籍という言葉にどのようなイメージをもっているのだろうか。無国籍料理や無国籍音楽からもわかるように,どれかひとつの国の文化や伝統を基軸とするのではなく,いろいろな国の要素を取り入れ,分け隔てなく包括し,国家の枠組みを超越するという特徴がある。国に束縛されず自由で独創的な雰囲気があり「コスモポリタン」で「かっこいい」というポジティブなイメージがもたれている。一方,料理や音楽など文化的な事象ではなく「無国籍者」を指す場合はどうか。その言葉の響きから,難民,亡命者,非正規滞在者などが連想され,「国籍を有していない人」からは「暗い」「根無し草」などネガティブで悲哀なイメージが浮かびあがるのではないだろうか。

グローバル化や技術の進歩によって「グローバル・ビレッジ」など国家を超越した世界観が語られる一方で,現代社会には,国家や国籍を当然とする価値観があることは否めないようだ。加えて「無国籍」という言葉が,上にみたように対局的なふたつのイメージをもつこと自体,興味深い現象だといえるだろう。

2 グローバル化と無国籍者,身分証明

どの国からも国民と認められない無国籍者は,現代社会にどれほど存在し,どのように生きているのだろうか。国連難民高等弁務官事務所(UNHCR)は,難民の支援をする国連組織として知られているが,無国籍者の削減や無国籍者の権利保護も,その任務のひとつとして取り組んでいる。UNHCR の調査では,世界にはおよそ 1000 万人以上の無国籍者が存在していると推定している[1]。

法務省が発行する『在留外国人統計』(旧登録外国人統計)によると,日本で「外国人登録証」(当時)の国籍欄に「無国籍」と明記されていた人の数のうち,ここ 20 年のあいだで最も多かったのが 1997 年の 2,194 人である。なお,その半数近

---

1) UNHCR『数字でみる難民情勢』〈http://www.unhcr.or.jp/html/ref-unhcr/statistics/index-2016.html(最終アクセス日:2016 年 11 月 30 日)〉より。

くが子どもだった。その後，無国籍者は，毎年数十人ずつ減少した。2009年末から2012年以前は，毎年60-80人ずつ減少し，1,300人台から1,100人程へと推移していった。2012年7月に「在留カード」が導入されると，無国籍者の人数はいっきに数百人減少し，2012年末は649人と報告された。その後2013年末は646人，2014年末は631人，2015年末は603人となっている。

　なお，日本の無国籍問題で見落としてはならないのは，「外国人登録証」や「在留カード」などの身分証明書に「A国籍」とされながら，その国籍が付与されていなかったり，当該A国から国民と認められず無国籍状態のまま日本に暮らしている子どもが数多く存在することである。彼らは，日本政府から与えられた公的身分証明書にあるA国人としてのアイデンティティを醸成し成長する。しかし，海外渡航のためA国のパスポートを発行してもらおうと大使館に書類申請すると，じつは当該国に登録されていないことを理由に書類の発行を拒まれるケースがある。つまり，日本ではA国籍と登録されながらも，そのA国には存在しない人となっており，自分が無国籍者であることにも気づかないままでいるのだ。こうした事態に直面した人は法的身分に関連する結婚，投票，海外渡航などの問題はもちろんのこと，アイデンティティにも悩まされることになる。

3　無国籍者が発生するさまざまな原因

　無国籍となる原因は，国々の情勢，国際関係，越境や移住による法の抵触，そして個々人の経歴などさまざまな原因が挙げられ千差万別である。例えば，旧ソ連や旧ユーゴなどのように国家の崩壊，領土の所有権の変動によって無国籍となる人もいれば，外交関係が原因で無国籍となる人もいる（陳2005）。また，国際結婚や移住のすえ，それぞれの国の国籍法の隙間に落ち，無国籍となる子どもも発生する（奥田1996）。他にも，ロヒンギャのように民族的な差別が原因で無国籍となるケースもあれば，個人の行政手続きの不備や不注意など原因は多岐におよぶ。また，無国籍者が置かれる境遇も人によってさまざまである。無国籍だが合法的な居住権を有し，日常生活には困っていないという人もいれば，無国籍であるため法的・社会的な障壁に苦悩する人もいる（陳2010）。なお，日本における無国籍の子どもの発生に着目すると，数多くみられる事例から以下のような点がおもな原因として浮かびあがってくる。

■ 3-1　国を越えた移住，結婚，法と人の絡まり

　日本で生活する無国籍者として，まずは，国際移住や国際結婚，そして**国際事実婚**が原因で無国籍になる子どもが挙げられる。出生による国籍の付与は，親の国籍を継承する血統主義と生まれた場所にもとづいて国籍を与える出生地主義に二分される。国際結婚や人の移動が増え，国籍法が抵触し重国籍者が生まれることもあれば逆に無国籍者も生まれる。

　かつて「アメラジアン」とよばれ，出生地主義の国籍法をとるアメリカ国籍の男性と日本国籍の女性のあいだに生まれた子が無国籍となるケースが多かった。1984年，日本の国籍法が父系血統主義から父母両系血統主義に改正されて以降，こうした無国籍児のケースは解消された。しかし1980年代後半以降は，国際事実婚の親から生まれた子どもが無国籍となるケースが増えた。例えば，日本人の親（しばしば父）が認知をすれば子どもは国籍を取得できるが，すでに妻子を有しているなどの理由から子を認知しない場合，日本人の父と血でつながっていても父との法的紐帯を証明できないため日本国籍は付与されない。こうした状況下で外国籍の母の本国政府にも出生届けが出されない場合に，無国籍状態となる子が増えた。つまり日本人父に遺棄されたうえに，母の日本語能力や法的・行政的な能力が不十分なため無国籍となる子が多く発生した。

■ 3-2　難民の子どもたち

　次に挙げられるのは，難民2世，3世などが無国籍状態となっているケースである。政治的迫害や民族差別から逃れ来日したあと，紆余曲折を経て日本において正規の在留資格を取得し生活している元難民は多い（陳 2010）。彼らが日本で子を出産し，日本の区役所に子どもの出生登録をすると，親の出身に従い子どもは例えば「ベトナム国籍」「ミャンマー国籍」などと登録され，身分証が発行される。しかし難民たちは本国政府との接触を避けるため，本国側には子どもの出生を登録しないままであることが多い。その結果，日本に生まれた難民の子どもたちは無国籍状態となる（陳 2010）。あとの事例に挙げるように，パスポート取得や結婚など人生の節目で，ようやく自分が無国籍であることに気づくのがこうしたケースだ。

■ 3-3　親の知れない子どもたち

　また今日では，児童養護施設で育つ子どもたちのなかに，無国籍状態となっているケースも見受けられる。日本の国籍法2条3項では，親がともに知れない，また

は親がともに無国籍であれば，日本で出生した子どもは出生時から日本国籍を与えられることになっている。しかし親が確認できない，もしくは外国人である可能性があることから，国籍問題が宙ぶらりんのまま育っている子がいる。

　無国籍児の事例として有名なアンデレのケースがある（信濃毎日新聞社編集局 1995）。長野県で起きたこのケースは，外国人と思われる母のもとに生まれたアンデレの国籍が焦点となった。母はアンデレを産んだのちオーバーステイの発覚を恐れて身を隠し，消息が知れなくなった。生まれたアンデレは，姿を消す前に母親が里親になってくれるよう依頼した牧師が引き取ることになった。アンデレは出生届けの際，日本の役所から「母がフィリピン人であろう」ということでフィリピン国籍とされた。後日パスポート取得の際，在日フィリピン大使館には，母親の国籍が確認できないためフィリピン国籍を与えるわけにはいかないと言われた。アンデレのケースから20年以上経た現在でも，日本は無国籍を認定する制度が確立しておらず，国籍が不明確なまま暮らしている子どもが少なからず存在している。

4　無国籍者にとっての国・法・アイデンティティ

　ここでは具体的な事例を通して，無国籍者が直面している障壁や彼らと社会との関係性，そしてアイデンティティについて考えていこう。

■ 4-1　ハウさんのケース：身分証明の罠[2]

　ある日，20代の女性ハウさんから「子どもの認知届が出せなくて困っている」と筆者が関わっている NPO 団体無国籍ネットワークに相談の連絡があった[3]。ベトナム難民2世だという彼女は，日本人の若者と区別がつかない関西弁まじりの流暢な日本語で経緯を話した。当時持っていた外国人登録証に定住者，ベトナム国籍と書かれている彼女は，香港の難民キャンプで生まれ4歳の時に来日し，日本で育った。妹は日本で生まれており，家族のあいだでは主に日本語を使って暮らしている。ハウさんは，ずっと日本の学校に通い日本人の友人も多い。

　ハウさんは，日本人男性と交際し二人は結婚を約束した。婚姻届を出そうと役所に行ったが，彼女が日本国籍者ではないため独身証明の提出を求められた。独身

---

[2] 2010年から2011年まで複数回にわたり行ったハウさんとのインタビューより。
[3]「無国籍ネットワーク」の HP から無国籍に関する情報のアクセス，法律相談が可能である〈http://www.stateless-network.com/〉。

証明は国籍国の政府に発行してもらわないといけないと言われ，ハウさんはベトナム領事館に出向き書類を申請した。しかしベトナム領事館では，「あなたに関するデータが見つからない」と言われたので，職員に自分の外国人登録証を見せベトナム国籍であることを訴えたが，「それは日本が発行している証明書であり，ベトナム政府が発行している証明書でないと無理だ」と言われた。海外で生まれた難民2世のハウさんに関する出生届などの書類はベトナム政府には提出されておらず，ハウさんは事実上無国籍状態だったことが発覚した。

　結局，役所に要求された書類はベトナム領事館から入手できなかった。結婚したくともできず途方に暮れるなか，二人は「書類よりも愛があれば」となぐさめ合い，家族にも認められ一緒に暮らし始めた。二人にとって国籍や文化の壁は問題ではなかった。しばらくするとハウさんは妊娠し，婚姻届の手続きが完了する前に切迫早産で赤ちゃんを出産した。二人は自分たちが婚姻届を出す際にハウさんの身分証明で苦労した反面教師から，「子どもの戸籍はしっかり作ってあげたい」という気持ちが強くあった。しかしこのままでは書類上ハウさんの私生児になってしまうので，産後すぐに「夫が赤ちゃんの認知届を出そうとA区役所に行ったが，母の国籍証明と独身証明が必要だといわれ手続きができなかった」。

　「ベトナム領事館に，あなたはベトナム国籍ではない」と言われ，「はじめて自分が，実は無国籍だったと知りました。ショックでした」と言う彼女自身もまだ戸惑いを隠せないでいた。そのような状況下で二人は，生後3か月の乳飲み子を抱え東奔西走したが，子どもの認知届を出すための手続きがうまくいかず，困り果てていた。二人は「このままでは，子どもも無国籍になってしまう」と焦りを募らせた。筆者は彼女に国籍証明や独身証明がなくとも，難民である旨の陳述書を添付すれば婚姻届などの書類が受け付けられた事例があることを伝え，再度A区役所に確認するようアドバイスした。すると後日，「やはりベトナム領事館からの書類が必要だと言われました」と声を落としていた。しかし数時間後，「A区役所ではなく，夫の住民票があるB区役所に問い合わせたら，ベトナム領事館の書類がなくても，認知届と婚姻届を受け付けられるかもしれないと言われました。しかもA区役所と違って職員の対応がとても優しかった」と声を躍らせて電話がかかってきた。

　わが子の法的身分を整えたい二人は必死に情報を集め，不慣れな手続きのなかで一喜一憂した。難民であるハウさんが異例とはいえ，同じ市内で同じ人が同じ手続きをするのに，区役所や職員によって必要書類と対応が違うというのは容認しがたい。そうした，ずさんな対応が個人の人生や権利にも影響をおよぼしている。

ここで注目したいのは，まず第1に，身分証明書というものが，どれだけ個人の人生を左右しているかということである。第2に，ハウさんのように，日本政府が発行する身分証明書のうえではベトナム国籍とされながらも，ベトナム政府には国籍がないといわれる事実上無国籍状態の人々がいることだ。彼らは実態と合わない身分証明書を与えられ，当事者自身でさえよくその状況を理解できずにいる。場合によっては，ハウさんの事例のようにそれが次世代の国籍にまで影響をおよぼしかねないことも見逃せない。

■ 4-2　Bさんのケース：いくつもの国境を越え，目の前に立ちはだかる法の壁[4]

Bさんは，1950年代の第一次インドシナ戦争の時，ベトナムからラオスを越えタイの東北部に逃れたベトナム人の両親のもとに，1970年代中ごろ生まれた。彼は幼少期をタイで過ごし，家ではベトナム語，学校や街ではタイ語を習得した。中学校を卒業する頃，兄が交通事故で他界し，Bさんは家計を支えるため叔父に日本へ出稼ぎに行くことを勧められた。1980年代末当時，日本はバブル真っ只中であり，Bさんが暮らす村から沢山の男性が出稼ぎに渡っていた。Bさんは，国や法の境界に対する意識は低く，むしろ「日常的に差別を受けているタイから脱出したい，新しい環境で一旗揚げたい」という思いが強かったため，国境を越え日本へ出稼ぎに行く決断をした。タイに生まれたベトナム難民であるBさんは，海外渡航に必要なパスポートをもっておらず，お金を払って偽造パスポートを入手し日本へ渡った。

来日後Bさんは，ブローカーの手配で建築会社の日雇い労働者として働いた。国境を越えたことで，言語や文化など新たな壁に直面した。日本語は不自由で，保険もなく，労災にも入っていない雇い主のもと，怪我や病気の際も泣き寝入りするしかなかった。1992年，「不法滞在者」として入国管理局（入管）に収容された。入管職員は，Bさんの「タイから来た」という供述をもとにタイへ退去強制処分することに決めた。しかしタイ政府は，Bさんはタイ国民ではないため受け入れられないと入国を拒否した。タイ政府の対応に困った入管は，Bさんのベトナムとのつながりからベトナムへの送還を試みるが，ベトナム政府もBさんは自国民でないと受け入れを拒否した。

Bさんは強制退去すらできないまま3年ほど収容所で過ごすこととなったすえ，「帰す国がない」などの理由から1996年に仮放免許可が与えられた。明らかに無国

---

4) 2003年から2012年まで複数回にわたりBさんに行ったインタビューより。

籍状態であるBさんに対し，法務省が発行した仮放免許可書には，なぜか彼の国籍が「ベトナム」と記されていた。書類と実体の乖離が個人の人生やアイデンティティにどれほどの苦痛をもたらすのか，気にも留めなかったのだろうか。

その後，Bさんは日本語教室でボランティアをする女性と知り合い，交際するようになった。数年後，二人は結婚を約束した。Bさんと日本人の婚約者は，いくども区役所に出向き二人の結婚を認めて欲しいと懇願した。二年後，陳述書を提出することで二人は無事日本で婚姻届を出すことができた。それからしばらくしてBさんは日本人の配偶者として，ようやく合法的な在留資格を取得することができた。在留資格を得たことで彼は，十数年帰ることができなかった故郷であるタイへ戻り，久々に家族に会うことができた。なおBさんがタイへ帰国した際，日本の法務省が発行した渡航書「**再入国許可書**」[5]を使用した。彼はタイへ「帰国」するにも，タイ大使館に出向き，あらかじめ観光ビザを取得する必要がある。Bさんに「日本国籍への帰化を考えないのか」と聞くと，「自分はやはり，いつかタイに戻りたいと思っている」と，かつて一度は逃避したタイに対する複雑なアイデンティティを吐露した[6]。彼のケースからもわかるように，人のアイデンティティは変容するものであり，しかも複雑である。そして，アイデンティティは，国籍や在留資格などの法的身分と必ずしも一致するわけではないようだ。

5 おわりに

国境を越えた人の移動が激しくなり，国際結婚をする人，複数の国や社会に基盤をもつ人，重国籍者が増えている。そのようななかで無国籍の人が存在することも忘れてはならない。われわれは，国籍など国家をもとにしたカテゴリーで人を分類することに慣れ親しんできた。自分のアイデンティティも国を基準にしがちだが，この越境の時代，果たしてそれで十分説明がつくのだろうか。

国籍の有無は，人の存在や権利の証，アイデンティティの形成だけでなく，出産，婚姻，就職など，人生の重要な場面で影響力を発揮する。しかも，ライフステージの各段階で問題に直面するまで，自分の国籍や身分に不備があることに気づかないままでいる当事者も多い。気づいた時に対応しようにも，無国籍は珍しい事例だけ

---

5) 再入国許可書は，日本に在留資格を有する人でパスポートが取得できない人に法務省が発行している渡航証明書である。『パスポート学』(2016年，北海道大学出版会) を参照。
6) 2011年，Bさんへのインタビューより。

に情報が限られ，解決策を見出しづらい。また書類を整えようと行政の窓口に行っても，「書類がないとできません」などと，たらい回しにされてしまう。国籍がないことを証明することほど，至難な業はないのだ。

　国籍制度や国を基盤とする社会のあり方，そして私たちの意識は，社会の変容に合わせて修正していく必要がある。人の移動が頻繁化しグローバル社会といわれる今日，無国籍者を発生させ，しかも実態をみえにくくしている現行の制度を改め，国家間で情報を交換し，無国籍者の権利を守るためにいかなる措置が必要か問題解決への協力体制を構築する必要がある。もはや国民国家を枠組みとする国籍制度ではなく，複数の国を移動する人々や無国籍者をも視野に入れた新しい市民社会の構築が求められている。場合によっては，はじめに触れた無国籍音楽や無国籍料理など，無国籍に対して私たちがもつもうひとつのイメージにヒントが隠されているのかもしれない。

【引用・参考文献】
奥田安弘．(1996)．『家族と国籍―国際化の進むなかで』有斐閣
信濃毎日新聞社編集局［編］(1995)．『ボクは日本人―アンデレちゃんの1500日』信濃毎日新聞社
陳　天璽（2005）．『無国籍』新潮社
陳　天璽［編］(2010)．『忘れられた人々―日本の「無国籍」者』明石書店
陳　天璽・大西広之・小森宏美・佐々木てる［編］(2016)．『パスポート学』北海道大学出版会
月田みづえ（2008）．『日本の無国籍児と子どもの福祉』明石書店

【関連文献】
陳　天璽（2011）．『無国籍』新潮社

【映画紹介】

	エラン・リクリス［監督］（2004年，イスラエル・フランス・ドイツ）『シリアの花嫁』［95分］
	隣り合うけれども国交がないシリアとイスラエルのあいだに位置する，ゴラン高原。この地に生きるイスラム教少数派のドゥルーズの人々は，無国籍者だ。その一人，主人公のモナはイスラエル側に暮らす女性であり，映画では彼女の結婚祝いパーティーの1日が描かれる。ただし，その場にいる誰もが，パーティーのあとモナが軍事国境線のシリア側へ嫁ぐと，ふたたび境界線を越えて家族に会うことはできないことを知りながら。 （画像出典 URL：http://www.bitters.co.jp/hanayome/）
	スティーヴン・スピルバーグ［監督］（2004年，アメリカ）『ターミナル』［128分］
	飛行機がアメリカに到着したところで，自分の出発後母国でクーデターが勃発し，パスポートを発給した国が消滅してしまったことを知るビクター。今や無効となったパスポートしか持たない彼はアメリカの入国審査ゲートを越えてアメリカに入国することはできず，帰ろうにも戻れる国はもう存在しない。空港の乗り継ぎターミナルから外に出ることができなくなり，数か月をそこで過ごした男の物語。フィクションだが，無国籍者の状況をよく表している。 （DVD販売元：パラマウント ホーム エンタテインメント ジャパン）

コラム①：何人であるかより，何を成し遂げたかを問うて生きる
プロムチャワン・ウドムマナー（バンコク メロディ幼稚園，チャイルドコネクト教育センター理事長）

あなたは一体，何人ですか——皆が私に，こう尋ねます。

私の父は中国人とタイ人のあいだに生まれ，私の母は韓国人と日本人のあいだに生まれました。私の祖父母は，四人ともそれぞれ違う国の血が流れています。父と母は日本の早稲田大学留学中に出会い，やがて結婚しタイで家庭を築きました。家庭のなかで話されていたのは，二人が出会った時から変わらず日本語でした。それが二人にとっていちばん自然だったのです。

私自身はこうした両親のもとにタイで生まれましたので，国籍上はタイ人に，外見上は「東アジア人」に，家庭で学ぶ最初の言葉は日本語になりました。幼稚園から高校まで，ずっとタイの学校に通いましたので，タイの教育を受けています。しかし同時に，私が3歳の時に母がバンコクで暮らす日本人の子どもたちのための幼稚園を開きましたので，家族ぐるみで付き合う隣人といえば，その多くが日本人でした。私は子ども時代を通してずっと，学校ではタイ語を話してタイ人社会に属し，家では日本語を話してバンコクの日本人社会に属していたのです。

多文化家庭に育った子どもは，自動的にバイリンガルになるわけではありません。両親の細心の注意と配慮，そして子ども本人の努力によってバイリンガルになれるのです。私もこの例に漏れず，子ども時代は人知れず複数言語習得の努力をしてきました。とくに大変だったのは日本語の書き言葉，漢字の習得です。日本の大学受験に向けて，毎晩「50個ずつ漢字を覚える」とルールを決めて漢字の書き取り練習をしたものです。

高校卒業後私は，両親が学んだ日本の大学へ進み，4年間を日本で過ごしました。大学を卒業するころまでには，母のあとを継いで幼稚園を運営する意思が固まっていましたが，アメリカの学問の世界に憧れ，23歳の時に渡米をしました。そこでアメリカのカリフォルニア州立大学ロサンゼルス校（UCLA）に進み，5年間かけて教育学の博士号を取得しました。こうして気づけば，私のなかには「タイ人的な部分」「日本人的な部分」に加えて「アメリカ人的な部分」が備わっていました。

タイに帰国した私は母のあとを継いで，バンコクで暮らす日本人の子どもたちのための幼稚園を運営しています。母と私の2世代ですでに35年，4,000人を超える子どもたちを教えてきました。多文化・多言語の環境で育つということは，ただ多言語を操るというだけではなく，その背景にある多様な思考パターンを理解しなくてはなりません。そしてその違いを組み合わせて使い分けていかなくてはならないのです。例えば贈り物を渡す時，日本では「つまらない物ですが」という言葉を添えます。それに対してタイでは，渡そうとする品物がいかに高価で手に入れるのが難しく，素晴らしいものであるかを伝えるのです。どちらの場合も，その行為の背景にあるのは共通して，相手への敬意を表したいという心です。ただ表現の仕方が，真逆の行為となるのです。私は今，こうした多文化・多言語の子どもたちのための能力開発に重点を置いたプロジェクトを立ち上げています。

あなた自身のサクセス・ストーリーを思い描いてみてください。それは，あなたが何人であるかで決まりますか。それとも，あなたが何を成し遂げたかで決まりますか。だれかが成功したのかどうかなどということは，人生という旅路が終わった時，はじめてわかるものです。その時，あなたが何人だったかということよりも，どのように生きたか・何を成し遂げたかのほうが重要であるのではないでしょうか。

■見学施設紹介①:JICA 横浜 海外移住資料館
(横浜市中区)〈http://www.jomm.jp/〉

記録によれば,江戸時代末から20世紀後半にかけて,100万人ともいわれる日本人が海外へ労働者などとして移住していったという。それら移住者とその子孫である人々を日系人と呼ぶが,現在,海外で生活する日系人は300万人を超えるといわれている。2007年には,日系人とその家族30数万人が来日して生活していた。海外移住資料館は,かつて日本人移民が船出した大桟橋のすぐ近くに建てられている。そこから旅立った日本人移民が,その後海外で乗り越えた苦難の歴史と,彼らからみた日本,日系人と日本とのつながりがわかる常設展示を見ることができる。これを建てたのは,独立行政法人 国際協力機構(旧国際協力事業団)である。海外での人種差別や第二次世界大戦

図1 海外移住資料館の展示
(画像出典 URL:http://www.ksgg.org/english-top/yokohama/JOMM.html)

時の敵国人としての扱い(財産没収や強制収容所での生活)などを乗り越え,現地で生活基盤を固めたその努力。戦後アメリカからアジア救済公認団体(LARA)を通じて日本へ送られた救援物資のうち,約20%は日系人による支援物資だったともいうほどの,日系人が送り続けた日本社会への支援。日本国内で暮らす人々があっという間に忘れてしまったかにみえる,日系人の存在や,日系人と日本とのつながりを,最新の技術でよみがえる豊富な資料・証言から学ぶことができるのが,JICA 横浜 海外移住資料館である。国際協力と海外移住に関する図書資料室もあり,団体として事前予約すれば,ボランティア解説員による説明つきで館内を見学できる。

JICA 横浜 海外移住資料館	
HP	http://www.jomm.jp/
入館料	無料
アクセス	みなとみらい線馬車道駅から徒歩8分
見学可能時間	10:00-18:00 [月曜休館]
TEL	045-663-3257
Email	info@jomm.jp
住所	〒231-0001 横浜市中区新港2-3-1

Part II

グローカル化がすすむ日常生活

Chapter 5

越境する家族

移民国家オーストラリアからみる国籍・市民権と生活実態のジレンマ

奥野圭子

　家族とはなにか――グローバル化が進んだ今日では，家族が別々の国で暮らしながら，親子・夫婦・兄弟としてのつながりを維持する人々や国境を超えて移動するのを繰り返す家族がいます。さらには，血縁関係や法律関係によらないといった家族の多様化もみられるようになり，国境を超えて家族生活を維持することが難しい人々も生まれました。そのうえ，かつて家族内の仕事とみなされてきた介護・育児や家事を，海外からの労働者に頼る人々も増えています。

　こうした国境を超えて広がり，維持される家族の前に立ちはだかるのが，各国の国籍・市民権をめぐる規定です。この章では，家族のグローバル化と国境・国籍の問題について考えるために，歴史的に移民を受け入れることによって産業と社会を維持してきた移民国家オーストラリアにおける，①家族とは何かという考え方，②国籍と市民権の違い，③家族移民に関する歴史，④移民法制度の移り変わり，⑤家族生活の尊重と退去強制とのジレンマをみていくことにしましょう。

日本へ到着した海外移住家族（ムロドフ・ショフルフ撮影）

1 はじめに：なぜオーストラリアの家族問題なのか

　グローバル化と家族を考える視座としては，①国境を超えて維持される家族（トランスナショナル世帯）について，②トランスナショナルな空間に生きる人々について，③グローバルなケアの連鎖についてといった点が，これまでよく分析されてきたといえるだろう。まずトランスナショナル世帯に関する視座とは，国境を超えて維持される家族としてのつながりや，その問題を考える。親が長期にわたって海外出稼ぎをする世帯の，子どもや家族関係に与える影響も議論の中心となってきた（パレーニャス 2008）。次にトランスナショナルな空間に生きる人々に関する問題設定とは，「1.5 世」や「新 2 世」，現在においてはそれ以降の人々を含む，移民やその子孫の言語・教育やアイデンティティなどをめぐる議論である。またグローバルなケアの連鎖とは，豊かになった国々で高い教育を受けた女性が社会で能力を生かして働くようになったかげに，より貧しい国からきた女性移住家事労働者が家事・育児などを請け負っているという，ジェンダー分業が国境を超えて広がる状況を指摘する。このように，人の国境を超えた移動が活発になり，実態としての家族はグローバルに広がるようになっても，じつは，家族や個人がともに生活したり，そこに生きる権利は，国家の定めた法律によってはじめて守られるという制度は，いまだに変わっていない。以下では，その矛盾に光を当ててみたい。

　家族とは，何であろうか。血縁関係なのか，それとも一緒にいる人なのか。遠くにいても心がつながっている相手なのか。いずれにしても，人は，どこにいても家族を形成するといえよう。これは，国境を超えても同じである。とりわけ代表的な移民国家のひとつであるオーストラリアは，家族を呼び寄せて，ともに生活をおこなう（家族再会）という理念を移民法・政策の根底においてきた国で，この問題を考えるに当たって非常に有意義な対象といえよう。

　オーストラリアが家族生活をともに営むことを重視してきたことは，入国を許可するビザを見ると明らかである。多くの国では，家族として入国するには法律上の婚姻関係や親子関係を示さなければならない。しかしオーストラリアは，同国人とまだ婚姻関係にない婚約者や，同性愛者や家族同然の友人同士なども認めるビザが存在する。つまりオーストラリア人か永住者が家族であるという実態を証明すれば，法律上の家族関係でなくとも，ともに生活できるのである。

　しかし，だれがその「オーストラリア人」かを判断する国籍や市民権の問題はいまだに解決していない。これは，「だれがオーストラリア人か」という法律上の問

題がイギリスとの歴史的な関係に起因し，そこから政治的問題として発展したことが原因である。かりに，家族がともに生活できることが「権利」であると認めるならば，政治的な理由で，その判断が左右されるべきものではない。本章では，オーストラリアの歴史と政治が，家族と家族に関する権利にどのような影響を与えたのかを紹介する。それが，私たちに今まで考えてもみなかった意識や疑問を与えてくれることを期待したい。

2 国籍と市民権

　国籍と市民権の違いは，戦争を例にするとわかりやすい。たとえばふたつの国が戦争をしたとする。この時勝った国が負けた国を植民地とした場合，負けた国の国民は，勝った国のものとなるので，勝った国の国民となる（国籍を得る）。しかしこの時戦争に勝った国は，負けた国の国民を政治に参加させるであろうか。政治に参加させれば，負けた国に有利な政治を行ったり，再び独立したりする可能性があるので，政治に参加できる市民権は，通常与えない。つまり，国籍を有するからといって，必ずしも市民権を有している訳ではないのである。ただし，オーストラリアの国籍と市民権の区別は，これほど明確でない。それは，国籍や市民権をだれに与えるのかを判断する法を 30 回以上改正したことが原因である（Klapdor 2009：1）。そのなかでとりわけ重要なのが，1948 年国籍および市民権法，1987 年市民権法である（以下，市民権法とよぶ）。

　まず国籍を得る要件には，大別して親の国籍を引き継ぐと考える「血統主義」と，生まれた国の国籍となると考える「生地主義」がある。オーストラリアは，1948 年市民権法では生地主義を採用していた。つまりオーストラリア国内で生まれた者は，自動的にオーストラリア国籍となった。しかし同法には，「婚姻以外の任意で自発的な行為によって，オーストラリア以外の国籍または市民権を取得した，成人した行為能力（full capacity）を有するオーストラリア市民は，取得後ただちにオーストラリア市民権を喪失する」(17 条）という条文も定められていたのである。これに気づかず他国の国籍や市民権を取得したり，親が市民権を喪失したことで，オーストラリア市民権を喪失する者などを，かなり存在させることになった。2002年の法改正でこれらの者の市民権の回復が試みられたが，全員を救うものではなかった。

　他方，1896 年にイギリスから独立するまでのオーストラリアは，大英帝国の臣

民であることに誇りをもっていた。このため，オーストラリアで出生したものに英国臣民の国籍を与え，この国籍を通じてオーストラリア市民権も与えたこともあった。ところが大英帝国から見合った扱いがなされないことなどを理由に，1987年市民権法で血統主義に変更し，1948年法により与えられていた英国臣民の法的地位を排除し，与えていた市民権も剥奪したのである。ただしこの時例外として，両親の法的地位と関係なく，オーストラリアで出生し，出生の日から起算して10年間オーストラリアで通常居住していた者は，市民権を取得できることとした。この「取得できる」は，暗に「市民権取得のための申請をすれば」ということを意味する。これだけの複雑な国籍・市民権の変遷を行い，かつ一見人道的にみえるこの条文が，どのような家族に関する問題を生じさせるのだろうか。

3 家族と白豪主義：グローバル化・そしてグローカル化へ

オーストラリアが家族の呼び寄せを重視したのは，移民国家の伝統である永住移民とその家族の呼び寄せと永住への期待が強いからである（関根 2012：21）。初期のオーストラリアは上記でみたように大英帝国の臣民であることに誇りをもっていたので，有色人種を排斥し，大英帝国のように白人の国をつくろうとしていた（白豪主義）。このため，白人とその家族である移民に広く門戸を開いていた（この政策は，1973年移民法改正まで続いた）。第二次世界大戦後に大量移民計画を実施したオーストラリアの移民政策は，「家族呼び寄せ」「技能（労働者）移民」「人道主義移民」の三つによって成立していたが，家族呼び寄せを優先することによって入国者の文化・言語的同質性を管理・保証しようとしたため，歴史的には家族呼び寄せによる移民の受け入れが優先されていた（関根 2012：21）。このため当時のオーストラリアへ入国する移民は，技能より家族の枠組みでの入国が多かったのである。

しかしハワード政権は1996年に，「近年入国した技能をもたない移住者のうち3分の1が福祉的支援に依存している」と批判し，熟練技能を有する移民を優先するように移民制度を切り替えた（図5-1を参照）。このため1997年以降，熟練技能を有する移民の数が増えてきているが，彼らの家族呼び寄せを認めなければ，質の良い移民を永住ないし定住へと導けないので，現在も家族呼び寄せを固持しているといえよう（Larsen 2013：2-3, 5-8）。

Chapter 5 越境する家族 *51*

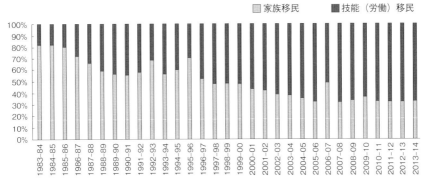

図 5-1 家族移民と技能（労働）移民の割合
(出典：オーストラリア議会のHP〈http://www.aph.gov.au/About_Parliament/Parliamentary_Departments/Parliamentary_Library/pubs/rp/rp1314/FamilyMigration（最終アクセス日：2016年8月30日）〉をもとに作成)

4 国際移動法の変遷

　海外からオーストラリアに家族を呼び寄せようとする時，その出入国を規律するのは，1958年国際移動法である。この法律は，2017年現在，507条まである実に膨大な法律になっている。しかし制定当初はたった67条しかなく，外国人の退去強制に関する条文は，「入国したときから5年以内に罪を犯した外国人を退去強制できる（12条，13条）」のみだった。1973年の改正では，暴力や強盗，売春などの特定の犯罪を行った者や，1年以上の懲役刑を受ける有罪判決を受けた者と特定され，精神病院や公共の慈善施設に収容された者も退去強制の対象となり，その判断は，大臣の広範な自由裁量に委ねられることとなった。この自由裁量とは，法律に従って行使されるが，法の枠内で一定の判断の余地が与えられることで，その判断が妥当，不当であっても裁判所が審査できなくなるということを意味している。この変更により，その後の法改正にともなって，オーストラリアの退去強制制度が迷走していった。

　1983年，ホーク政権は，憲法を基礎に国際移動法を再考することを試みた。その主要な試みは，移民に関するどのような制限をも無効にし，外国人がいずれオーストラリアに根づき，その結果，移民制限の範囲外になる可能性を探ることだった。そこで意図的に，その根づくまでの期間を10年とすることとした。しかしこの制度には，大きな落ち度があった。改正前には，大英帝国の臣民とそれ以外の国民が永住者になった場合，前者は入国から5年経てば退去強制させられず，後者は15

年居住し同国で家族生活をしている者でも退去強制が命じられていた[1]。つまり法の規定としては，国籍にもとづくあらゆる差別を排除し，全ての永住者を対象とするとしていたのにもかかわらず，大英帝国の臣民でなかった永住者の場合には，居住年数に関係なく，つねに退去強制の可能性を残したままだったのである（Foster 2009：504-507）。

5　家族生活の尊重と退去強制のジレンマ

オーストラリアが家族生活を尊重し，非常に話題となったテオ事件[2]というものがある。1995 年，七人の子ども（内，現在の妻との子どもは三人）をもつテオは，麻薬犯罪によって有罪判決を受け，退去強制を言い渡された。しかし高等法院（日本の最高裁にあたる）は，彼の妻と子どもたちは，彼の扶養にとても頼っていること，テオが退去強制されれば家族が離散してしまうので，すでに批准していた子どもの権利条約にある「子どもの最善の利益（7 条）」を理由に「違法な退去強制は，家族生活上に重大な影響を与える」と宣言し，テオの退去強制を取り消した。本来オーストラリアでは，国際人権条約を批准しても国内法へ直接適用しない。その条約の内容，つまり権利や義務は，オーストラリア法として定められない限り裁判所で適用できないのである。テオ事件では，その原則があるはずなのに高等法院が，「政府が批准したのだから，裁判所で判断に使って良いと考えるのは正当な考えだ」と主張したということである。すぐに外務大臣と司法長官の共同声明が出され，この高等法院の見解を認めないと主張したことは，いうまでもない。

この問題は，1998 年に国際移動における常任合同協議会で協議された。そのうえで同協議会は，①オーストラリアが 1990 年に子どもの権利条約を批准したこと，②テオ事件では，「子の最善の利益」が考慮されていなかったため，高等法院の大多数がテオの退去強制を無効としたこと，③テオ事件のような事例の場合には，同様な判決になるという「正当な期待」を生じさせたこと，④外務大臣と司法長官によって発行された共同声明でこの「正当な期待」を否定したことなどを考慮し，閣

---

1) ポチ事件：ポチは，オーストラリアに永住するつもりで二十歳の時にイタリアから入国し，継続的に 15 年居住しており，市民権取得の申請をした。しかし，政府の暇庇により市民権付与に至っていなかった。そのあいだに法が改正され，過去の犯罪歴を理由に退去強制が命じられた事件である。
2) Minister of State for Immigration and Ethnic Affairs v Ah Hin Teoh（1995）128 ALR 353.

僚政策声明に退去強制手続きの主要考慮事項のひとつとして「子の最善の利益」を含むことを承認することを推奨し，子どもの権利条約だけではカバーできない配偶者や他の家族についても言及したのである (Joint Standing Committee on Migration 1998：65-66)。この事実を受け，研究者や法律家を中心に長期居住者のオーストラリアでの居住権が本格的に考え始められ，とりわけ長期に渡って家族生活を営んでいる家族構成員の退去強制は，非常に限定的なものとなるのではないかと期待させる方向へと向かっていった。しかし，その期待は見事に裏切られるのである。

2005年に，ニストロム事件[3]があった。ニストロム・ステファンの母は，彼を身ごもったまま夫の生家を訪ねるためにスウェーデンへと渡った。その時，彼を出産してしまい，生後27日になってやっとオーストラリアに戻ってきた。ニストロムは，それ以降，出国したことはない。彼が5歳の時両親が離婚したこともあってか，彼は，10代から素行が悪くなり，何度も服役してきた。そして彼が31歳になった時，また有罪判決を受け，それにより永住権を取り消されて，国籍国であるスウェーデンへ退去強制を命じられたのである。連邦裁判所は，「これは，オーストラリア社会に受け入れられた構成員の，確固たる紐帯のないどこか他への永久追放である」として，これを取り消した。しかし高等法院では，10年以上居住していても犯罪歴があれば，人格テスト（国際移動法501条）を満たしていないとして，ビザの取り消し，強制送還をすることができると判断した。いわゆる10年ルールも人格テストの前では無力であると判断されたのである。そしてニストロムは，言語も文化も何も知らないスウェーデンへと送還されたのである。

ニストロム事件は，ついに国際連合（以下，国連とよぶ）まで動かした。2011年7月に，市民的および政治的権利に関する国際規約を監視する役割をもつ国連は，ニストロムとスウェーデンとのあいだに紐帯はないこと，ニストロムの家族は全員オーストラリアに住んでいること，強制送還のせいで，彼の精神状態が悪化したことも含めて，回復ができない結果をもたらしたことを指摘した。そして，オーストラリアが，ニストロムの自国に入国できる権利（12条4項），家族と再統合する権利（17条，23条1項）を侵害している，すなわち条約加盟国として，ニストロムの家族を保護する義務があったのに，それに違反したと判断したのである。その結果，国連が非市民の入国する権利を認める画期的な判断をしたと報じられたのは記憶に新しい[4]。しかし，2012年4月，オーストラリア政府は，「敬意をもって異議を申

---

3) Nystromv Minister for Immigration and Multicultural and Indigenous Affairs（2005）143 FCR 420, 4 22（'Nystrom（Full Court)')．

し上げる」として，国連の提案とは考えが一致しないことを表明した。こうして，改めてニストロムの再入国の可能性を否定したのである。

　また，ロバート事件，サーシャ事件の事例もある。ロバート・ヨビチッチは，フランスでユーゴスラビア人の両親のあいだに生まれた。1968年に彼が2歳の時，両親とともに渡豪し，それからずっと同国で生活していた。彼は，同国の永住権をもっていたが，薬物におぼれ，犯罪を重ねたので，2004年に永住権を取り消され，セルビア・モンテネグロ[5]に強制送還となった。サーシャ・ステヴァノヴィッチも1970年，ユーゴスラビアから3歳の時に両親と永住を目的として渡豪し，やはり永住者として暮らしていたが，犯罪や薬物を理由に2006年に同じくセルビア・モンテネグロに強制送還されている[6]。この二人の共通点は，他にもある。彼ら（の両親）の母国であるユーゴスラビアが崩壊したことで，彼らが無国籍となってしまったことだろう。どちらもニストロム同様，セルビアの言語を理解することもできず，セルビアに生活基盤もなく，強制送還後ホームレスのような状況に陥るのに時間はかからなかった。ロバートは，氷点下の日に，オーストラリア大使館の前で寝ている姿がオーストラリアで報道されたことをきっかけに，特別な目的のビザが付与され，帰国を実現できた。そして2008年には，再びオーストラリアの永住権が認められたのである。

　このように，幼児期に渡豪してそのまま長期滞在している永住者をまったく縁もゆかりもないような国籍国に強制送還できるようになったのは，1999年にあった国際移動法の改正で，移民大臣の国外追放する権限が強化されたことにある。この権限の強化によって，それまでオーストラリアに10年以上居住していればその人をオーストラリア社会に根づいているとみなし，退去を強制しないとされていた原則が破棄されたと考えることができよう。こうして今日まで，同じような事例は増加するばかりである。

　しかしオーストラリア社会側の責任は，彼らが犯罪や違反を行うことに対して

---

4) ABCニュース（2012年4月26日）〈http://www.abc.net.au/news/2012-04-25/australia-defies-united-nations-on-stephan-nystrom-case/3972180（最終アクセス日：2016年7月28日）〉
5) ユーゴスラビアは，2003年にセルビア・モンテネグロとなった。
6) Australian Human Rights Commission (2013)〈http://www.austlii.edu.au/cgi-bin/sinodisp/au/other/AusHRC/2013/67.html?stem=0&synonyms=0&query=title（Stevanovic%20and%20Commonwealth%20）（最終アクセス日：2016年7月29日）〉
7) Nicholls, G. (2007). Election 2007: It's time to reform deportation policy.〈http://www.australianreview.net/digest/2007/election/nicholls.html（最終アクセス日：2016年7月29日）〉

ないのだろうか。彼らが幼少期からオーストラリア社会に根づいているのなら、教育や環境、文化などを身につけた上で人格テストに違反するように育ったということだろう。市民ならば、その罪を償うことで、オーストラリア社会に復帰できるが、彼らは、同国の法で裁かれたあと、まったく馴染みもなく、言葉もわからない国籍国へ強制送還され、家族とも引き離されるという二重三重の刑罰を受けていることにならないだろうか。オーストラリアは、国連の提案を国内法に反映すべきだろう[7]。

6 おわりに

　本来オーストラリアの移民法制度は、家族生活を営む者にとって非常に手厚く、そして開かれたものだった。例えばオーストラリア人の配偶者として入国してくれば、それだけで永住権が与えられていたのである。しかし、偽装結婚や偽装難民の家族の呼び寄せなどが増加すると、だんだんと規制が厳しくなってきた。具体的には、その関係が真正で唯一の関係であるか示さなくてはならなくなり、その関係を続けていることを証明しなければならない期間が徐々に長期化されていった。つまり、国境を超えた人の移動が増えるにつれて、国民とはだれか、市民権を有するのはだれかという取り決めが、だんだんと狭く・厳しくなってきたといえよう。その結果、この章でみてきた例のように、国籍や市民権、永住権を持つ国と、実際に生活する国や帰属意識をもつ国が別々で、なにかのきっかけで、当たり前の生活ができなくなる人が生まれた。また、国籍や市民権をもてないなどの理由から、本人たちが望んでも家族として当たり前に一緒に生活できない親子もいる。本来、政治と人権は切り離して考えなければならないものである。世界的にみて、オーストラリアほど国境を超えて家族生活を営む者を手厚く扱ってきた歴史と法制度をもつ国は少ない。それを生かし、早急に法改正を行ってくれることを望むばかりである。

【引用・参考文献】

関根政美（2012）．「ポイント制と永住許可—オーストラリアの場合」『移民政策研究』4, 14-27.
パレーニャス, R. S.（2008）．「家族を想うということ—フィリピン人海外就労の経済的要因におけるジェンダー作用」伊藤るり・足立眞理子［編著］『国際移動と〈連鎖するジェンダー〉—再生産領域のグローバル化』作品社
Foster, M. (2009). An "alien" by the barest of threads: The legality of the deportation

of long-term residents from Australia. *Melbourne University Law Review*, 33(2), 483-541.

Joint Standing Committee on Migration (The Parliament of the Commonwealth of Australia) (1998). *Deportation of non-citizen criminals*. Commonwealth of Australia.

Klapdor, M., Coombs, M., & Bohm, C. (2009). *Australian citizenship: A chronology of major developments in policy and law*. Parliament of Australia 〈http://www.aph.gov.au/About_Parliament/Parliamentary_Departments/Parliamentary_Library/pubs/BN/0910/AustCitizenship（最終アクセス日：2016年11月30日）〉

Larsen, G. (2013). *Family migration to Australia*. Parliamentary Library research paper series. 2013-2014.

Neilsen, M. A. (2012). *Same-sex marrige*. Australia's Commonwealth Parliamentary Library.

【映画紹介】

アンソニー・チェン［監督］（2013年，シンガポール）
『イロイロ　ぬくもりの記憶』［99分］

舞台は，シンガポールの中産階級の家庭。仕事で多忙な両親の代わりに子ども（ジャールー）の面倒を見るため，住み込みのフィリピン人メイド（テレサ）が雇われ，ジャールーはテレサのおかげでぬくもりを知る。しかし，じつはフィリピンに残されたテレサ自身の幼い子どもは，母のぬくもりを知らずに育っているのだった。2013年カンヌ国際映画祭カメラドール（新人監督賞）はじめ，世界各地で多くの映画賞を受賞した作品。
（DVD販売元：ビクターエンタテインメント）

Chapter 6
グローカル化とトランスナショナル教育

マレーシアにおける高等教育の新たな展開

杉村美紀

　グローバル化の進展は，ヒトやモノ，情報，資本の国境を越える移動が活発化するのに応じて，社会にさまざまな影響をおよぼしますが，人々の日々の生活はローカルな文脈のなかで淡々と続いています。本章で取り上げる「教育」は，そうした「グローカル」な国際的動向が政策として敏感に反映されやすい領域です。同時に，教育は日常の生活文化をもとにした「学び」を通じて，人々の考え方や価値観に影響を与えるものでもあります。本章では，グローカル化のもとで新たに展開されているトランスナショナル教育の状況について，マレーシアの高等教育を事例にその可能性と課題について考えます。

モナシュ大学（オーストラリア），マレーシア分校
(2016年 ©Monash Malaysia)

1 はじめに

「国境を越えた視点から社会問題をとらえる」という本書の課題設定を考えるにあたり，教育は，それに適切な事例を提供する切り口である。同時に，グローバル化からは最も遠い，旧来のローカルな枠組みにもとづいて運営されているのもまた教育である。グローバル化の影響はたしかに教育にも着実に浸透し，ここ 20 年あまりの教育，とくに大学や大学院レベルの高等教育においては，かつては想像できなかったような国境を越えるプログラムが世界各地で展開されるようになっている。しかしながら，小学校や中学校，高等学校にあたる初等・中等教育については，公的予算で運営される公教育の枠組みにおいて，ローカルな国家政策に規定されて運営されている国が圧倒的に多い。すなわち，学校で何を教えるかといった教育内容や，教科書や教材，資料として何をどう使うかという教材の問題，教員の資格はどのように定めるべきかといった教員養成の問題，さらには学事をどのような法律で位置づけ，どの学校を正規の学校として認めるのかといった教育行政の問題など，いずれも各国の方針や考え方が色濃く反映されている。そこにはそれぞれの国がもつ人材育成の歴史や伝統が反映され，ローカルな社会文化の基盤を形成してきた経緯があり，容易に変更されることはない。

その一方で，自国の方針にのみ固執し，今日のグローバル化の動きを考慮しないまま進むことはもはやできない状況がある。かつてのように，人々がその国や地域で生まれ育ち，一生を過ごすわけではなく，グローバル化によって人もまた，労働者や留学生，移民，難民，あるいは国際結婚といったかたちで国境を越えて移動するようになり，教育が対象とするのは自国の国民だけではなくなってきているからである。ローカルな文脈とグローバル化をともに支える教育には，微妙でかつ戦略的なかじ取りが求められるグローカル化をめぐる課題解決が求められている。

2 教育をめぐるローカルな文脈とグローバル化の現状

教育は，近代国民国家の形成過程において，国民統合と経済発展実現のための政策手段として展開されてきた。国家による**公教育**は，国民形成のために教育の義務化・無償化を軸に実施され，言語の読み書きおよび計算を含む基礎教育の普及や，宗教あるいは道徳教育をもととした価値形成を図ってきた。こうしたローカルな国民教育の方向性は今日もなお，多くの国における初等・中等教育における教育政策

の基盤となっている。しかしながら1980年代にはいり，教育においてもグローバル化の影響が広まると，とくに高等教育において新たな教育政策の動向がみられるようになった。旧来の国家の枠組みのなかで完結していた教育のあり方が，他国・地域とのつながりを考慮した教育政策を戦略的に展開するようになったのである。

　他国・地域とのつながりという点では，旧来からある大学や教育研究機関のあいだの二者間の**国際教育交流**が一般的であり，学生交流や教員交流，共同研究などが知られるが，新たな国際連携協力として，三つ以上の大学・教育研究機関による多国間の交流や，各国の政府が中心となって行う国際連携も登場している。またそうした交流の方法も，相互に留学生の送り出しや受け入れを行うという関係にとどまらず，共同で学位を出す課程や，一定期間ずつをそれぞれの大学で過ごし，最終的には複数の大学の学位が出る課程，海外に分校を設立して相互の教育を展開するもの，さらには自国に海外の大学を誘致して国内にいながら海外の教育が受けられる課程など，さまざまなものがある。ただしこれらはいずれもグローバル化というよりも，各国の政策を反映して展開されているものが多い。

　これに対して，複数の国が組織する国際社会の地域機構や国際機関が主導するプログラムでは，特定の国の政策動向よりも，地域や国際社会の共通理念や目的に即したプログラムが構築され，教育のグローバル化とよぶ場合，狭義には，こうした多国間のフレームワークによって運営されるプログラムを意味する。ただし実際には，特定の二国間で行われるプログラムの国際化とグローバル化は複雑に絡み合って展開されている場合も多く，本章ではグローバル化を考えるという場合にはこれら両方を含んだものを取り上げることとする。

3　トランスナショナル教育をめぐる議論[1]

　教育のグローバル化が進み，国家戦略として国境を越えて展開される教育は，今日，トランスナショナル教育（あるいはクロスボーダー教育）とよばれるようになっている。トランスナショナル教育は，複数の国家が協力して展開される教育であり，参加国の教育の特徴をあわせもったプログラムを構築することができ，国境を越えて解決することが重要な地球規模の課題を協力して教育・研究したり，あるいは参加国で共有すべきテーマや考え方を共通して学ぶプログラムを構築することができ

1）高等教育の国際化やグローバル化に伴う国際連携やガバナンスの問題は，黒田一雄［編著］『アジアの高等教育ガバナンス』（2013年，勁草書房）に詳しい。

る。特定の国や教育機関だけでは担えない分野融合型の教育体制を整えることができる点は，従来の国民国家中心の教育にはない利点である。

　しかしながら，トランスナショナル教育にはさまざまな課題もある。プログラムを構築するうえでは，各国ごとに異なる学事歴や使用する教授言語の問題，教育内容の相互認証や単位互換といった質保証，プログラム運営のための財政基盤の確保，運営体制の整備といった問題がある。またプログラムに参加する学生や教員，職員などが，国境を越えて移動する際に生じる査証の問題もある。これらの課題はいずれも，一国の枠組みだけで教育が運営される場合には問題にならなかったものであるが，教育制度や教育政策の方針が異なる国同士で実施される場合には，それぞれの国の政策や教育理念の違いが反映され，調整を図ることが難しい。ここにはグローバル化に対して各国のローカルなものとの相克がみられる。

　既存のトランスナショナル教育の枠組みのなかで，こうした相克の調整に先駆的に取り組んできたのはヨーロッパ連合（EU）であり，学生の流動プログラムであるEUの「エラスムス計画」を模して，今日ではアジアでもさまざまな取り組みが行われている。本章で取り上げるマレーシアを含む東南アジア諸国では，各国の主要大学から成るアセアン大学ネットワーク（ASEAN University Network：AUN）やアセアン諸国連合（ASEAN）が展開する学生移動プログラム（ASEAN International Mobility for Students：AIMS）があり，地域協力を基盤にしたトランスナショナル教育が展開されている。

　同時に，トランスナショナル教育の進展によって促される学生移動は，グローバル化に伴って活発化するヒトの国際移動とともに社会文化の変容という新たな課題も引き起こしている。主として国民形成を図るための従来の教育から，国民以外の者もともに教育の対象にする新たな教育ニーズは，国民としてよりも国際社会に生きる「グローバル市民」を対象とした教育形態を求めるようになっている。そのことは，「万人のための教育」（Education for All：EFA）や「ミレニアム開発目標」（Millennium Development Goals：MDGs）を受けて 2015 年に決定された「持続可能な開発目標」（Sustainable Development Goals：SDGs）にも，「グローバル・シティズンシップ教育」として盛り込まれており，トランスナショナル教育の今後の展開でも対応が求められる。

4　マレーシアの概略

　マレーシアは東南アジアに位置する面積約 33 万 km²，人口 2,995 万人（2013 年

マレーシア統計局）の国で，英領植民地から1957年に独立した。人口の約67%を占めるマレー系の他，植民地時代に主要産業の錫鉱山やゴムのプランテーション農地で働くため移り住んだ中国系（約25%）やインド系移民（約7%）の子孫などから成る多民族社会である。日常生活では国語であるマレー語の他，華語（マンダリン），タミール語，英語が使われ，宗教もマレー系の宗教であり国の宗教（国教）でもあるイスラームの他，仏教，儒教，ヒンズー教，キリスト教，その他土着の宗教が混在している。マレーシアの場合，ごく少数のババニョニャとよばれる中国系とマレー系の融合文化をもつ人々を除けば，これら多様な文化が相互に融合されることなくモザイク状に共存しているのが特徴である。ただし国家体制は，国語と国教を軸としたマレー化を基盤にしており，国民教育政策においてもマレー語を主要教授言語とし，イスラーム（ないしイスラームを土台にした道徳）を重視することでマレーシア国民の形成を図ってきた。とくに1970年代から導入された「ブミプトラ（土地の子）政策」では，土地に固有の民族であるマレー系に対して，進学や就職の優先枠を設けるアファーマティブアクション（積極的な差別是正措置のこと。ここでは進学や就職に際して民族ごとの枠を設けること）がとられるようになった。あわせて，植民地時代からあった英語を用いる公立の英語学校は全てマレー語学校に転換されるなど，徹底したマレー化政策がとられてきた。

　こうしたマレー系優先政策に対し，人数のうえでも政治的にもマイノリティである中国系やインド系は，マレー系優先枠のもとで，華語やタミール語を用いる公立の華語学校やタミール語学校が，初等教育を除いてマレー語学校に転換され，上級学校へはマレー語で教育や修了試験を受けなければ進学できないという制約を抱えながらも，つねに政策との折り合いをつけながら世代を重ねてきた。とくに中国系の母語教育支持者層は，人数のうえではマイノリティながら経済的には比較的優位にあるという特性を活かし，中国系コミュニティ独自の華語を用いる私立の中等学校「華文独立中学」[2]を全国に展開してきた。また彼らは，高校卒業後はマレーシア政府によってその卒業資格が認可されていないために，海外への進学ルートを開拓して卒業生に「留学」による高等教育機会を提供する独自の方策をとってきた。

2）華文独立中学は，卒業生を早くから国外に送り出していると同時に，マレーシア社会のマレー系優先政策に基づく国民教育政策のなかで母語教育を行ってきた教育機関である。その意味ではグローバル化とローカル化の両軸を含んでいる。同教育機関の詳細については，杉村美紀『マレーシアの教育政策とマイノリティ—国民統合のなかの華人学校』（2000年，東京大学出版会）に詳しい。

5 マレーシアにおける高等教育のグローカル化

　マレーシアの教育においてグローバル化の影響がみられるようになったのは，1990年代からである。前項で述べた通り，国民統合のためにマレー系優先政策をとってきた同国では，1980年代初頭までに国立大学では全ての教授言語がマレー語になり，マレー系に有利な民族別大学入学者比率制度（クォータ制度）がとられるようになった。しかしながら，経済発展にともなって大学への進学需要が高まり，1996年に私立高等教育機関法が制定されて私立大学が認められるようになると，グローバル化の流れの活発化とあいまって，私立大学では海外との連携プログラムを積極的に採用するようになった。このことには，従来，国内で進学が制約されて海外に留学していた中国系やインド系の頭脳流出をくいとめ，国内の人材確保を促す効果もあったが，同時に大きな影響をもたらしたのが，英語による教育プログラムの急増である。この背景には，英語によるプログラムのほうが欧米の英語圏にある大学との連携を組みやすいこと，同時にそうしたプログラムに興味をもつ留学生を誘致できるというふたつの利点があり，実際，私立大学には，国内からは中国系やインド系の非マレー系学生が，また海外からは，比較的社会が安定し，留学費用も比較的安く，かつ英語で教育を受けられるというマレーシアで教育を受けるメリットのため，中国，インドネシアの他，南アジアや中東，アフリカ諸国から留学生が集まるようになった。

　こうした高等教育政策の転換により，マレーシアはそれまでの留学生送り出し大国から，留学生受け入れ大国となり，国際社会において留学生交流の拠点（Center of Excellence）となることを政策目標として掲げるまでになった。ここには，さらなる経済発展を目指して優秀な人材を確保しようとするマレーシア側の戦略があるが，興味深いことは，中東やアフリカからの留学生は，政府の意図とは異なり，修了後はより高位でかつ評価の高い学位や資格を求め，さらに第三国に向けてマレーシアから再留学する考えをもっているという点である。その意味ではマレーシアはいわば，「トランジットポイント」（杉村 2010：2012）であり，英，米，オーストラリア，カナダといった英語圏の国々にわたることが最終目標なのである。また，マレーシアに新たに設けられた私立大学のなかには，オーストラリアの「国立モナシュ大学マレーシアキャンパス」のように，海外の大学そのものが分校を設けており，同大学の学生であれば，南アフリカにもある分校を含め，同大学のいずれのキャンパスでも授業が受けられることから，国境を越えたキャンパスで学ぶという場合もある。

いずれにしても，単に二国間だけで往来していた旧来の留学とは異なり，人が縦横無尽に移動するグローバル化ならではの現象といえる。こうしたトランスナショナルなプログラムでは，内容的にも旧来のプログラムとは異なり，コンピュータ科学や経営，理工系の分野など就職に直結する実利的な分野が多いのも特徴である。

このようにグローバル化によって大きく変容した高等教育に対し，初等・中等教育では引き続き国民教育政策のローカルな枠組みを堅持している点も特徴的である。例えば，グローバル化の影響により，公立の小中学校では，2000年代に入ってから，理数科科目のみは，それまでのマレー語から英語で教えるようにする改革が一時期だけ実施された。経済発展のためには理数科教育の面で欧米先進国にキャッチアップできるようにするのが目的だったが，実際には，英語での教授には教員の資質やそれにともなう授業の質の低下など課題も多かった。そして何より大きな課題だったのが，英語による教育をめぐる新たな民族関係の拮抗である。この改革に問題なく賛成したのはインド系であり，また中国系も賛成したが，同時に一部の母語教育支持者は，英語を認めるのであれば，自分たちの母語である華語も教授用語に認められてしかるべきではないかとの見解を示した。さらに問題を複雑にしたのは，マレー系の対応であり，保守派層を中心に大きな反対が起きた。彼らの主張は，独立以来，マレー語を主要教授用語としてきたのに対し，今回の改革は，理数科科目に限ってとはいえ，重要な政策変更であり，マレー化を軸に進めてきた国家建設の方向性を歪めるものであるというものである。こうした三民族の主張の違いは，従来，国民教育政策をめぐり展開されてきたマレー系対非マレー系という対立関係を変化させ，マレー系が二分されるとともに，英語支持者が民族の枠を超えてひとつのグループを形成する新たな民族関係の構図を生み出すこととなった。

グローバル化が既存のローカルな枠組みに変更を促すことになったグローカル化の例は他にもみられる。高等教育政策の転換により，高等教育の多様化，民営化が進み，私立高等教育機関が認可されるようになった結果，華人コミュニティが，長年の計画だった「華文独立中学」（前出）に続く華語による私立高等教育機関「新紀元学位」などを設立し，母語教育による教育体制を整えたことである。政府はこの「新紀元学院」にはディプロマの授与権しか与えていないが，華人にとって華語を使う高等教育機関が設立されたことの意味は大きい。この「新紀元学院」を含め，英語による私立高等教育機関に，ブミプトラ政策によって国内進学に制約のあった華人を中心とする非マレー系が入学するようになった結果，国立大学と私立大学の入学者のあいだには民族別のすみわけが生まれている（杉村 2015）。

さらに，グローバル化に伴う人の動きが，新たな文化摩擦を生み出している例もある。グローバル化によってマレーシアへ留学してくる学生の増加は，マレーシアが戦略として教育文化交流の拠点となるために重要である。実際にマレーシアの受け入れ留学生数は増加しているが，他方で，同じイスラーム教徒（ムスリム）同士ながら，中東から来た学生とマレー人学生の間の考え方の相違や，大陸中国から留学に来た中国人留学生と，すでにマレーシアで世代を重ねている中国系のあいだの価値観や考え方の違いは，宗教や言語を共通にしているだけに隔たりがより深刻であるといわれている。さらにアフリカから来た留学生の場合，いずれは欧米の国々への再留学を目標としているものが多く，かつマレーシアの生活習慣や食文化などの点で生活に馴染めないなど，マレーシア社会との親和性が少なく，そのことがマレーシアの地元社会とのあいだに溝をつくってしまっている。それはときに偏見や差別を生み出し，そのことが社会的に不安定な要因を生み出すことにもなりかねない。ここには，国家発展のために導入されたはずのグローバル化による施策が，結果的に社会の不安定化を生み出しているという様子がみられる。

　グローバル化とローカル化をめぐるこうした葛藤に加え，マレーシアの教育の事例が提起するもうひとつのグローカルな側面が，リージョン（地域）への対応である。マレーシアが位置する東南アジアでは，高等教育の国際化の動きにともなって，地域連携協力を通じて次世代を育成しようという取り組みがある。マレーシアの大学が参加しているものには，アセアン大学ネットワーク（AUN，前出）やアセアン諸国連合学生移動プログラム（AIMS，前出）がある。いずれも学生流動を高め，同時に研究交流や教職員の流動性も促すことで地域共同体の教育を行うものであるが，こうしたトランスナショナル教育の実施には，前述のように単位互換制度，科目内容や学位規定の相互認証，学事歴，教授言語，運営体制および財政，査証制度など多国間での調整が必須課題となっている。こうした調整においては調和化（harmonization）という概念が用いられるが，他方，各国にはそれぞれの高等教育政策があり，教育内容や出入国管理も各国ごとの方針にそってすすめられているために，調整が難しい場合もある。AUN や AIMS はいずれも，今日その枠組みを日中韓を含めた ASEAN+3 や，あるいは EU との連携により拡大しようとしている。こうした動きは地球規模に展開するグローバル化と，国単位ないし国内部で展開されるローカル化の両方から影響を受ける問題であり，教育政策としてのグローカルな対応が迫られる局面である。

6 おわりに

　マレーシアにおけるグローバル化と，そのもとで1990年代以降に進められた高等教育改革は，経済発展やそのための人材育成のために必要不可欠な戦略である。しかしそれは同時に，グローバル化に対応した施策の結果，独立以来続いてきたマレー化を軸とするマレーシア独自の政策方針とのあいだに相克を生んでいる。グローバル化とローカル化のバランスをいかに確保するかという，グローカル化をめぐる複雑な課題がみられるようになっているのである。他方，高等教育の国際化が進むなかでは，マレーシアが位置する東南アジアという地域のなかで進む地域協力連携とのかね合いも重要な政策課題である。

　こうした重層的な構造をもつトランスナショナル教育の問題は，本章でみてきた通り政府にとっての政策対象であると同時に，個々人にとっても自分の意志でどのような学びを実現していくかを考える重要な選択肢である。教育の国際化によってその選択肢は以前に比べるとはるかに多くなり，また実際に国境を越えて学びを求める人々の数も急増している。マレーシアの場合，高等教育の国際化によって，頭脳流出問題を抱えながら留学生を送り出していた時代から，今ではアジアや中東，アフリカから留学生を受け入れるようになり，国際教育交流のハブ（Knight 2014）としての国際社会での位置づけをさらに高めようとしている。しかしながらその一方で，マレーシア人自身のなかでは英語圏への留学希望が根強くあることも事実であり，そこには，国家の戦略と個人の戦略の違いがみられる。それはグローカル化と向き合うなかで国家や個人が社会における新たなあり方や生き方を模索している過程でもあるといえる。

【引用・参考文献】

黒田一雄［編著］（2013）．『アジアの高等教育ガバナンス』勁草書房
杉村美紀（2000）．『マレーシアの教育政策とマイノリティ―国民統合のなかの華人学校』東京大学出版会
杉村美紀（2010）．「高等教育の国際化と留学生移動の変容―マレーシアにおける留学生移動のトランジット化」『上智大学教育学論集』44, 37-50.
杉村美紀（2012）．「マレーシア―国際学生移動のトランジット・ポイント」北村友人・杉村美紀［編著］『激動するアジアの大学改革―グローバル人材を育成するために』上智大学出版，99-114.

杉村美紀（2015）．「国際化に伴うマレーシアの高等教育政策と華文高等教育の展開」『立命館国際研究』27(4), 83–99.
杉本　均（2005）．『マレーシアにおける国際教育関係―教育へのグローバル・インパクト』東信堂
田中治彦・杉村美紀［共編］（2014）．『多文化共生社会におけるESD・市民教育』上智大学出版
Knight, J. (ed.) (2014). *International education hubs: Student, talent, knowledge-innovation models*. New York: Springer.
Tham, S. Y. (ed.) (2013). *Internationalizing higher education in Malaysia: Understanding, practices and challenges*. Singapore: Institute of Southeast Asian Studies.

Chapter 7
医療におけるグローバル化の進展

二極化，患者・専門家の移動の視点から

真野俊樹

　かつて医療は，国が発展して豊かになれば，国民のだれもが安心して受けられるようになるものと思われてきました。いまや医療は，豊かな人には質が高く快適な医療が保証され，貧しい人は受けることが難しいものとなりつつあります。それを端的に表すのが，医療のグローバル化の進展という現象です。医療はグローバル市場における商品としての側面を強め，医者はサービス労働者となりつつあります。つまり支払い能力のある患者は，支払える金額に応じて質の高い医療・快適な医療を選択する時代へ，医師や看護師も，質の高い医療を施せる人ほど，労働条件のよい高級病院へ集中する時代へと変わりつつあるのです。そこに国境は意味を失いつつあります。質の高い医療とは，助かる見込みの高い医療であり，治療に伴う痛みや苦しみが少ない医療です。これを裏返せば，どの国に生まれたかに関係なく，支払い能力がないために自分や自分の子どもの治療や薬を諦めなくてはならない人が，出てくる時代を意味します。本章では，医療のグローバル化とそれが社会に与える影響を，医療という財の特徴を踏まえて考えてみましょう。扱う内容は，①医療制度，②患者の動き，③医師などの専門家の移動です。それを通じて，グローバルな医療の二極化という問題を提示していきます。

シンガポールの外国人受け入れ病院フロント（2015年，筆者撮影）

1 はじめに

　近代医療は，近代国民国家と手をたずさえて発展してきた。公衆衛生・社会保障といった概念に表されるように，国家が国民の保健衛生・医療を保証することを目標としてきたのである。1980年代を境に，国民皆保険制度をもつ国々（さまざまな条件や形態を合わせて考えても国連に加盟する200近い国々のなかで，2016年現在も30数カ国しかない）も，国家支出における医療費抑制のため，医療を自由競争にもとづく産業として位置づけていく国が増えてきた。この結果，**医療ツーリズム**[1]，すなわち生活者（患者）が医療を求めて，国境を越えて移動する現象が出現した。この現象は，1990年代以降の情報・交通システムの発展によって，さらに加速している。これを受けて，産業政策のひとつに医療ツーリズム振興を位置づける国も出現し，日本もまた，民主党政権時代と安倍政権のもとで医療ツーリズムの振興をうたっている。

2 医療ツーリズムの現状

　まず，医療ツーリズムの現状を眺めてみよう。日本においては公的なデータが存在しないが，韓国の公式データによれば，韓国への医療ツーリズム客数は，2010年に81,789人，2012年159,464人，2013年211,218人，2014年266,501人と増加傾向にある[2]。マレーシアでは政策として，2020年までに年間190万人の外国人患者を受け入れ，96億マレーシアリンギット（1リンギット27円として約2,600億円）の収入を得ることを目標に掲げている[3]。またシンガポールでは，医療ツーリズムによる外貨収入は2011年9億8,000シンガポールドル（1シンガポールドル80円として約784億円），2012年11億1,000シンガポールドル，2013年8億3,200シンガポールドル，2014年9億9,400シンガポールドル（医療ツーリスト約70万人）にの

---

[1] 医療ツーリズムとは，狭義には患者が海外旅行をして滞在先の医療機関で治療を受けることをさす。状況によっては観光と医療サービスをセットでとすることもある。人間ドック，日本での医療保険適応外の美容整形，視力矯正手術などの医療サービスを提供するものも含める場合もある。医療サービスだけでなく，スパやエステといった健康サービスも含めての場合は，「ウエルネスツーリズム」とよぶようにしたい。そして医療とウエルネス全てを合わせて「ヘルスツーリズム」とよぶこともある（真野 2009）。

[2] http://japanese.visitmedicalkorea.com/jpn/medicalTreatments/medicalTreatments01/medicalTreatments01_1.jsp（最終アクセス日：2016年11月30日）

[3] 日本貿易振興機構（2014）．『マレーシアにおける医療・社会福祉サービスに関する調査報告書』

ぼる[4]。医療ツーリズムを世界市場としてみた時、2012年には10.5ビリオンドル（1ドル100円として1兆500億円）で、2019年には32.5ビリオンドル（3兆2,500億円）になるといわれている[5]。今日、医療ツーリズムは急速に成長している産業分野であるといえる。

3 医療の特徴

3-1 医療ツーリズムの対象となる病気

さて、ここで医療という財の特徴を整理していこう。その時まず、医療という財をいくつかに分けて考えなければならない。例えば、生命の危機に瀕している医療とそうでない医療という分け方がある。さらに、医療ツーリズムという視点では、緊急性も重要な視点になる。このうち、医療ツーリズムの対象になるものは緊急性がないものとなる。飛行機などに乗って移動しているあいだに死んでしまってはどうしようもないのだ。図7-1のように緊急性のありなし、重篤な病気かどうか、で4軸に分けることができる。具体的にいえば、①ひどい外傷、心筋梗塞急性期などの病気に対する医療、②がん、神経難病に対する医療、③けがなどの簡単な外傷の治療、④生活習慣病の治療や、健康診断、人間ドックなどの病気を発見する医療、

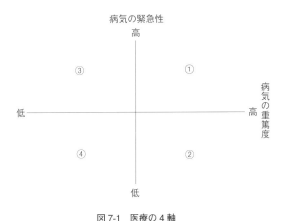

図7-1　医療の4軸

---

[4] https://www.stb.gov.sg/statistics-and-market-insights/marketstatistics/stb%20tourism%20statistics_fa%20%28low%20res%29.pdf（最終アクセス日：2016年11月30日）

[5] http://www.transparencymarketresearch.com/medical-tourism.html（最終アクセス日：2016年11月30日）

といったことになる。そうすると，対象になりそうな，②や④の医療についてはどのような特徴があるだろうか。じつは②と④では，医療の財としての性質がかなり違っている。

■ 3-2 医療の特徴

②のがんや神経難病のように重篤な病気の場合には，経済学でいう「情報の非対称性」が強くあり，医師などの医療提供者も治療の結果を100%保証できない，「医療の不確実性」がある。また，病気を作り出すことはできないので，需要を喚起することもできない。なおここで，情報の非対称性とは，ある財の需要側と供給側とのあいだに，保有する情報の質や量に差異がある状態のことである。医療における情報の非対称性は，一般に患者側に発生し，患者が不利益をこうむる可能性があるがゆえに問題とされる。こういった特徴があるので，多くの先進国において，医療の値段を国が決定し，消費者である患者を保護しているのだ[6]。後述する医療保険制度を作るわけである。しかし，④に関しては少し様相が異なってくる。もちろん情報の非対称性や，医療の不確実性といった特徴は残るのだが，シンガポールのように自助を重視する国では生活習慣病の医療は医療保険の範疇にない。また，健康診断や人間ドックは多くの国で自由に価格が設定される。

つまり，④に属する医療サービスでは通常の消費財の要素が強くなるのだ。じつは，ここに医療ツーリズムを考えるうえでの重要な鍵がある。つまり，④に属する医療については，政府の規制は強くない。医療サービスの範疇ではあるが，通常の医療サービスのようにマーケティング活動ができたり，需要を喚起することができるものがある[7]。次いで医療の特徴であり，医療ツーリズムが起きてきた原因になる②についてもう少し考えていこう。そのためには，簡単に医療制度の仕組みをみておく必要がある。

4 医療制度と医療ツーリズムが起こる理由

■ 4-1 医療制度の意味

各国の政府にとって，社会保障（社会保障のなかに医療の保障も入る）は重要な政

---

6) 情報公開によって情報の非対称性を改善しようとする試みもなされているが，医療職の長期間にわたる教育や経験の成果と同じ情報を患者が手に入れることは通常困難である。
7) ただし日本においては，生活習慣病に対する医療は医療保険の範疇なので広告規制がある。

治課題である。社会保障制度をはじめて作ったドイツのビスマルクは軍備を拡張したが、同時に科学を奨励し、そのなかで医学も奨励し、同時に国が関与する保険制度である社会保険（そのなかに医療保険もある）をも創設した。いわゆる「飴と鞭」の政策である。米国を除く欧米・東アジア諸国では、ユニバーサルヘルスカバレッジとよばれる、「すべての人が適切な予防、治療、リハビリなどの保健医療サービスを、必要な時に支払い可能な費用で受けられる状態」（WHOによる定義）を作ろうとしてきた。またアジアの新興国でも、ユニバーサルヘルスカバレッジの達成は非常に大きな課題となっている。例えば、インドネシアでは2014年から2019年を目途に国民皆保険制度を作ろうとしており、中国も2009年、タイでも2002年にユニバーサルヘルスカバレッジができた。問題は、同じユニバーサルヘルスカバレッジであっても高額な抗がん剤の支払いをカバーしていない英国のような国もあれば、日本のようにカバーしている国もあるという点である。新興国のように、診断や軽治療まではカバーするが高度治療はダメというユニバーサルヘルスカバレッジも存在する。この問題を、医療経済学では、医療保険において「よい質、安いコスト、よいアクセスの三つの併存は不可能」としている。

■ 4-2　医療ツーリズムが起こる原因

②の分野の医療ツーリズムは、おもに前述した三つのどれかが欠けているため、それを補うことから起きると考えられる。制度のゆがみが原因といってもいいだろう。まず、「よい医療の質を求めて」である。よい医療をもとめて、他国であろうと移動する、これは医療ツーリズムの本質ともいえるだろう。④の分野の医療ツーリズムも、起きる理由としてはここに入りうる。自国で得られない健康診断を受けに行く、といったことである。ついで、「低コストを求めて」である。図7-2のように医療費を比較してみれば、アメリカのように医療を受けるためのコストが高い国がある。医療ツーリズムにより医療費を節約できるため、アメリカの保険会社によっては、タイやインド、シンガポールといった国へ、場合によっては交通費を支援してでも、医療を受けに行かせたほうが安くなる。最後に、「物理的なアクセスを求めて」である。イギリスにみられるように、例えばガンのように致死的な病気にかかっても、待ち時間が長く、「月」単位で待たなくてはならない場合がある。待っているあいだに死んではたまらない。そこで、他国に医療を受けに行くのである。

後者のふたつのゆがみについては、社会問題としてとらえる見方、すなわち制度のゆがみなので正すべきであるという見方がある。一方では、そのニーズを新しい

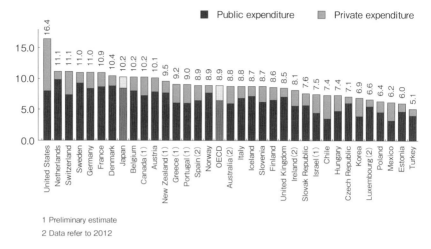

図 7-2 医療支出（GDP に占める割合），2013 年
（OECD Health Statistics（2015）をもとに作成）

ビジネス・チャンスとする人々も現れる。今から述べていくような国では，この現象をチャンスとみて，政府が産業政策に取り入れてきている。しかしここで，産業政策に取り入れる場合には，もうひとつの問題がある。それは，いい医療を提供するには，いい医師や看護師などいい医療従事者が必要であるということだ。

5 専門家の移動

　医療のグローバル化においては，患者の流動化に加えて，医師，医療従事者の流動化もおきている。これもまた，医療をより二極化する要素になっている。例えば，発展途上国で優秀な医学生や看護学生が例えばアメリカのような国で高度医療を学ぶために，卒後の研修を希望する，あるいは，すでに職についている医師や看護師などの医療従事者が，よりよい待遇や環境をもとめてアメリカなどに職をもとめるといったことがある。もちろん，中長期的には，このような人材が高度な医療を身につけて国に戻ってきてくれて，国内医療の底上げにつながればいいのだが，そうなるためにはこのような人材が自国に戻りたいような要素を構築しなければならない。そのためにも，医療が遅れているとされる国では，優秀な医師や看護師が戻ってきてくれるような病院を増やそうとしていることは，医療機関認証組織 JCI

(Joint Commission International)による病院認証基準医療機関の取得病院を増やそうとしている動きからわかる。しかし一方で,そうした認証を得られるような一流の病院(患者にも人気があるが,医師や看護師にもまた人気がある)は多くが株式会社の形態をとり,その国の人々にアクセスしやすい医療を提供するというより,その国の富裕層や海外からの支払い能力の高い患者を受け入れる病院——つまり医療ツーリズム客の受け入れ先となる可能性が高い。ひとつの国のなかで最低限の医療を受けることもままならない人が多く存在する一方で,最先端の質の高い医療と最高級のサービスを提供する病院が,全世界から支払い能力のある患者を受け入れるという医療の二極化の構図が生まれているのである。

6 医療ツーリズム先進国

6-1 タイの事例

　タイには2012年に253万人の外国人が医療ツーリズムで訪れた。タイの株式会社病院[8]で医療ツーリズムを積極的に行っているバンコク病院では,海外でトレーニングを受けた医師を積極的にリクルートしている。その結果,バンコク病院で働く多くの医師がアメリカやイギリスでの医師資格を保有している(日本の免許をもつ日本人の医師もいる)。バンコク病院のライバルであるバムルンラート病院の患者の中心も,インドネシアや中東諸国などのアジアの富裕層である。豪華なロビーと病院内のマクドナルドやスターバックスといったファストフード,日本の居酒屋様のレストランなどを備え,サービス業としても徹底している。なおこれらの病院では,JCIの認証取得をしている。さらにタイでは,医療ツーリズムの患者を多く獲得するために,美容整形など比較的軽い医療の患者にもターゲットを絞っている。観光資源が豊富なタイでは,ウエルネスツーリズムも行おうとしている。一方でタイでは,2001年以降全ての国民が1回30バーツ(約100円。ただしこの価格やカバーされる範囲はその後さまざまに変動している)で診察を受けることができる「30バーツ制度」が導入された(2016年現在は無料)。ところが,これに伴って公立病院の医療の質が低下し,質の高い医療従事者から,質の高い職場(富裕層や医療ツーリズム客を患者として受け入れる私立病院)へと流出したといわれている。医療の二極化が進行しているのである。

---

[8] 日本では,株式会社病院を新設することは認められていない。

■ 6-2　シンガポールの事例

　シンガポールでは，そもそも政府は国民への医療をあくまで個人の責任範囲と位置づけている。つまり政府は国民皆保険制度をつくる意思がない。政府は原則全ての国民に対して，給料の1割を貯蓄，残り1割を補てんし，これを国の管理下にある個々人の口座に積み立てることを義務づけている。これを老後の年金・医療費・住宅購入費など国が認める用途に限ってひき出しができる仕組みになっている。国民は，支払い能力に応じた医療を選択して受ける仕組みになっている。

　一方でシンガポール政府は，グローバル市場における産業としての医療を振興させるためにさまざまな努力を払ってきた。外貨を稼ぐことができる医療ツーリズムに積極的ではあるが，高度な医療を受けにくる医療トラベルという言い方のほうが適切という立場をとっている。これは，隣国のタイが美容整形などの比較的簡単な医療も大きな柱にしていることと差別化しようとしていることの現れである。アジアにおける医療のハブになろうというのがシンガポールの戦略だが，そのひとつの表れがファーラーパーク病院である。医療トラベルを柱のひとつとして，2014年に建設されたのがファーラーパーク病院だ。隣に五つ星のホテルを併設しており，食事はこの五つ星ホテルから提供される。ホテルと病院は完全に一体化しており，経営陣も同一である。経営陣は医師のグループと実業家からなり，多くの医師が経営に参画していることから，患者のための医療を目指している。同時に，諸外国からの医療トラベル患者の獲得を目指している。同じように，株式会社で巨大な病院グループのパークウエイ系列の病院と同様，医師はメディカルセンターに開業ブースをもっていて，そこを貸借する（購入も可能）。そして，病院の施設を使いながら診療を行うスタイルとなっている。このようなところに勤務する医師は，シンガポール大学医学部を卒業している医師だけではなく，海外の医学部を卒業している医師も多い。これは，シンガポール政府が海外でいくつかの大学を認定しており，そこの卒業生で英語力があり，シンガポール内での研修を受けたものは，SMC（シンガポールメディカルカウンシル）に登録され，シンガポール大学の医学部の卒業生と同じ扱いをするという制度に起因している。シンガポールでは，医療もためらうことなくサービス商品として，グローバル市場のなかで売り出されている。

■ 6-3　ドバイの事例

　ドバイ政府は医療産業の集積を目指して2002年に開設したDHCC（Dubai Healthcare City）というフリーゾーン（FZ）を作っている。ここでは外国人の雇用

制限もなく，100％外国資本で病院が建設できる。また，韓国のサムソンメディカルセンターはアラブ首長国連邦（UAE）の代表企業であるインデックス・ホールディングス（INDEX Holding）社と共同で2010年に，DHCC内に「SMC INDEXメディカルセンター」をオープンした。このように，2014年3月にドバイ市評議会は医療産業を重点産業として推進することを承認した。2020年までに4の公立病院と18の私立病院を増設し，レーシックや不妊治療などを強化して年間50万人の医療ツーリストを誘致するという目標を掲げている。またドバイは，全ての病院にJCIの認証を受けさせる方針である。ドバイへの医療ツーリストは近年急速な伸びを示している。DHCCによると，フリーゾーン内の医療機関が2009年に受け入れた患者23万1,000人のうち，医療ツーリズムの患者は5.2％の1万2,000人にすぎなかった。しかし，2010年には41万2,000人の患者のうち4万1,000人（構成比10.0％），2011年には50万2,000人のうち7万5,000人（14.9％）となり，人数，患者全体に占める割合とも急速に増加している。当地英字紙「ガルフ・ニュース」によると，ドバイへの医療ツーリストは，リビア，イラク，イラン，ナイジェリア，チュニジア，インド，パキスタン，ロシア，そして近隣の湾岸協力会議（GCC）諸国が中心だという。DHCCは，ドバイの医療ツーリズム市場の規模は2012年に16億ドル超に達したと推定している。

7 おわりに

医療に対する平等意識が強い日本では，業界団体の反対もあり，これまで述べてきた国のように医療のサービス産業化，医療の二極化は進んではいない。日本で最初にJCIの認証を取得した亀田メディカルセンターでの海外からの医療ツーリズム客の受け入れ実績は2012年37名，2013年80名，2014年113名と，諸外国に比べてはるかに少ない[9]。しかし，一方では，安心な国で観光資源にも恵まれる日本は，2015年の訪日外国人の数は1974万人と急速に増加している。当然，日本にいるあいだに病気になる人もいるだろうということで，日本国政府も，医療ツーリズムの患者だけではなく外国人患者の対応に本腰を入れてきている[10]。このような動きのなかで，日本の医療の良さが改めて世界に求められると，日本への医療ツーリズ

---

9) 経済産業省「外国人患者受入事業拡大・満足度向上実証調査」(2015年)〈http://www.meti.go.jp/policy/mono_info_service/healthcare/kokusaika/downloadfiles/fy26/26fy_inbound_03.pdf（最終アクセス日：2016年11月21日)〉。

ムも大きく発展していくかもしれない。

　しかしここで忘れてはならないのは，医療をツーリズム市場におけるサービス商品としてみなす時，そこには価格が生まれ，競争が生まれ，病院・製薬会社・保険会社には経営努力が生まれる——つまり高額な商品を手に入れることができる人と，それができない人の差が生まれるという事実である。この章でみてきたように，医療ツーリズム先進国といわれる国々では，その国の国民の医療アクセスの格差のうえに，多くの国民がアクセス不能な医療サービスを支払い能力の高い外国人患者に提供してきた。人類史上例をみない高齢社会を迎える日本で，この矛盾をどのように乗り越えていくことができるだろうか。

　かつてのように，どの国に生まれたかによって保証される医療のレベルが決定づけられる時代は終わりつつある。どの国の国民であるかに関わらず，支払い能力がある人は，安全で快適な医療を求めて世界中の病院のなかから治療を受ける病院を選ぶ時代がやってくる。その時，支払い能力がない人の命をどのように守ることができるだろうか。国民国家の役割の低下とグローバルな新自由主義の時代において，医療の二極化の問題は人類が乗り越えるべき課題といえるだろう。

---

10) 例えば，外国人患者受け入れ医療機関の認証である JMIP（Japan Medical Service Accreditation for International Patients）といった認証を創設している。

【引用・参考文献】

ウッドマン, J./斉尾武郎［訳］(2008).『メディカルツーリズム――国境を超える患者たち』医薬経済社

田中　滋・二木　立［編著］(2007).『医療制度改革の国際比較』勁草書房

羽生正宗 (2011).『医療ツーリズム――アジア諸国の状況と日本への導入可能性』慶應義塾大学出版会

真野俊樹 (2009).『グローバル化する医療――メディカルツーリズムとは何か』岩波書店

真野俊樹 (2012).『入門　医療政策――誰が決めるか，何を目指すのか』中央公論新社

【映画紹介】

マイケル・ムーア［監督］(2007 年，アメリカ)『シッコ』［113 分］

国民皆保険制度のない米国医療――保険会社・製薬会社など医療に関わる分野が市場主義の原理で動く社会――の暗部を赤裸々に描き出したドキュメンタリー調の作品。
(DVD 販売元：ギャガ)

ニック・カサデテス［監督］(2002 年，アメリカ)
『ジョン Q――最後の決断』［118 分］

アメリカの医療・保険制度の問題点を指摘したドラマ。移植待ちリストに載せるための支払いさえ高額なため，重い心臓病の息子をリストに載せられない父親は，武器をもって病棟を乗っ取る。要求はただひとつ，病気の息子を移植待ちリストに載せること……。
(DVD 販売元：ワーナー・ブラザース・ホームエンターテイメント)

コラム②：音楽という言葉とともに国境を越えて
川杉ありさ（ピアニスト・中国四川省　西南科技大学芸術学部音楽科ピアノ講師）

　18世紀のはじめ頃，フィレンツェのメディチ家に仕えた楽器職人が発明したとされるピアノ。初期のピアノは，城や宮殿のサロンで演奏されるために作られました。当時，芸術とは豊かな王侯貴族だけに許された贅沢だったのです。それが産業革命を経て19世紀になると，一般市民がだれでも音楽を楽しむことができるようになりました。こうして大勢の人が音楽を聴くためのコンサートホールが生まれると，ピアノは現在のような，広い音域で大きな音を出す頑丈な楽器へと変貌を遂げました。ピアノの変化は，音楽と人とのかかわりの変化を表しているのです。やがて20世紀後半から，日本を含む世界中にコンサートホールが作られていきました。西洋音楽が，世界中で親しまれるようになってきたのです。それにつれてピアノの演奏者も，当初はほとんど男性だけだったところに女性ピアニストが登場し，当初は欧米人ピアニストだけだったところにアジア人などのピアニストも登場してきました。

　私が6歳でピアノを習い始めたころ，すでに日本では各地にコンサートホールがあり，世界の一流ピアニストの演奏を聴くこともできました。しかし当時の私にとって，音楽の本場ヨーロッパはまだどこか遠い世界のようでした。高校生になったころ，イギリスの王立音楽大学で教えているロシア出身のピアノ教授のレッスンが素晴らしいと聞き，ぜひ私もその先生のもとで学びたいと考えるようになりました。東京で実施されるイギリス王立音楽大学の入学試験に挑戦し合格した私は，高校卒業と同時にイギリスへ音楽留学をしました。ロンドンの王立音楽大学に入学して驚いたのは，世界十数カ国から集まった学生の多様さでした。王立音楽大学を卒業後，さらにふたつのイギリスの大学で，修士などの大学院課程をピアノ演奏分野にて修了しました。その後も更に音楽性や演奏の技術を磨きながら日々励んだイギリスでの10年間，私は世界中から集まった豊かな才能をもつ若い演奏家たちとともに学ぶことができました。たしかに音楽は，その聴き手だけでなく担い手についても，多様な広がりをみせていたのです。

　イギリスでの音楽留学を終えた私は，タイ，スイスや中国と，いくつもの国や地域で音楽講師や，ピアノ奏者として過ごす縁に恵まれました。いつも現地の言葉を身に付けるよりまえに次の国へと移動していますが，世界中どこでも，身につけた音楽という言語でピアノという楽器を通してコミュニケーションをとり，その土地の人々とともに働いています。また滞在するそれぞれの国で積極的に演奏活動をしていますので，これまでにリサイタルやコンサートに出演した国の数は約10カ国，バイオリニストやチェリストなど，これまでに共演した音楽家を国籍で考えればこれも10カ国以上となります。300年前，ほんの一握りのヨーロッパの王侯貴族のために生まれたピアノが，世界中の人々の心に響き，その聴き手も担い手も広がり続けている――その雄大な音楽の歴史の流れに向き合い溶け込む時，さまざまな技術の進歩やシステムの発達に支えられ，たしかに芸術は国境を越えて広まりながら発展していると実感します。

■見学施設紹介②:東京ジャーミイ・トルコ文化センター
(東京都渋谷区)〈http://www.tokyocamii.org/ja〉

日本に80以上あるモスクのうち最大の規模を誇るのが,ここで紹介する東京ジャーミイ(東京都渋谷区)である。新宿にほど近い代々木上原に建つこのモスクは,神戸モスク(1935年創建)と並んで,日本で最も古い歴史をもつモスクのひとつである。1917年,ロシア革命の勃発にともないロシアを脱出したイスラム教徒のタタール人たちが,満州を経由して日本に移住した。彼らが1938年に日本政府と協力してこの地にモスクを建設したのが,東京ジャーミイのはじまりである。やがて最初のモスクの老朽化に伴い,タタール人の母地であるトルコで集められた寄付金によって立て替えられたのが,現在の壮麗なモスクだ。東京ジャーミイは,最大2,000人を収容できる礼拝場であり,またイスラム芸術の展示場や図書コーナーを備えた,イスラム文化に触れることができる窓口でもある。日々の礼拝の他,断食明けの夕食会や結婚式といった宗教行事や,バザーや展覧会といったイベントが年間を通して開催されている。毎週,土曜・日曜には,14:30から日本語ガイドに館内案内をしてもらいながら礼拝が見学できる。またそれ以外の日でも,基本的に1年中,館内見学を受け付けている(5名以上の場合はweb予約が必要。また行事が実施されている場合もあるので,見学の際は事前に確認した方が良いだろう)。

予約してお願いすれば,日本語ガイドによる歴史や建築美術に関する解説を聞きながら見学することも可能である。イスラムの教えや文化,それらと日本社会とのかかわりについて学ぶ機会として,東京ジャーミイ訪問は大きな意味をもつだろう。

図1　新宿高層ビルを背景に
　　　たたずむモスク

(画像出典URL:https://matome.naver.jp/odai/2138591987578872601)

東京ジャーミイ・トルコ文化センター	
HP	http://www.tokyocamii.org/ja
アクセス	小田急線／千代田線 代々木上原駅下車,徒歩5分
見学可能時間	10:00-18:00 [金曜日のみ 14:00-18:00]
TEL	03-5790-0760
Email	info@tokyocamii.org

Part III

国境を超えるつながりと新しい境界

Chapter 8

グローバル化・国境・観光

タイの観光から考える

石井香世子

　労働・教育や市場といった分野は以前から研究の対象としてよく分析されてきましたが，その対極にある余暇や観光が研究対象とされることは，かつてはあまりありませんでした。ところが，グローバル化とその影響を人々が問い始めたころから，余暇や観光が研究の主題として扱われることが多くなってきました。例えば観光という社会現象には，グローバル化を分析する際に重要なさまざまな視座が含まれていたのです。本章では，国際観光をグローバル化のなかで読み解いた時に何がみえてくるかを，タイにおける観光からみる新しい階層化の事例からみていきましょう。

マレーシアとタイの国境（2011年，筆者撮影）

1 はじめに

　観光という社会現象は，労働・消費・都市・不平等・貧困・国民国家・移民・市民権・社会運動・時間・空間・メディア・ジェンダー・エスニシティなど，グローバル化を分析する際に重要なあらゆる視座で分析することができる。今日では，観光は人類にとって主要な産業のひとつとみられることが増えている。観光産業は世界のGDPの約9%，全雇用の約8%を占めていると推定する人もいる（アーリ・ラースン 2014：11）。また移民現象としてみた時，国際観光は戦争を除けば人類の歴史上で最も多くの国境を超えた人の移動を生み出しているとも考えられている（コーエン・ケネディ 2003b：35）。そこでは，「非現実性産業（アンリアリティ）」（リッツア 1999：207），「疑似イベント」（ブーアスティン 1964：91）とよばれる，効率的で予測可能な商品として加工された経験——「旅」に値段がつけられ消費される。こうした大規模で新しい社会現象である国際観光を読み解くと，グローバルなまなざしを受けて変わるローカル社会の様子から何がみえてくるのだろうか。

2 グローバル化と観光

　観光のグローバル化が進んだのは，1970年代以降のことと考えられている。巡礼や戦争のように，国境を超えた人の移動はたしかに昔からあった。しかし余暇と労働が区別され，レジャーと消費が結び付けられて代金を支払えばだれでも手に入るようになるという，今日的な意味での観光は20世紀後半になってから普及したと考えられている。

　観光のグローバル化が起きたおもな原因は，技術の発達，新しい種類の憧れ（ポストモダン的な憧れ）の広まり，境界のあいまい化などだったと考えられている。ここでいう技術の発達とは，飛行機で海外へ行くことやパック旅行が一般に普及したことをいう。ポストモダン的な憧れとは，「〜に行きたい」という自分の気持ちより，「"〜に行ったことがある人だ"と思われたい」という気持ちのほうが大きな状況を指す。つまり，レジャーや消費がもつ象徴的な意味（「パリでクリスマスを過ごす人」「ポルシェに乗っている人」と他人から思われることそれ自体に価値を見出すこと）で，自分らしさを表現しようとする感覚のことである。こういった感覚が普及するのも，1970年代以降のことだったと考えられている。

　また，境界のあいまい化——本物と偽物の区別や，社会の内と外の境界があい

まいでわかりにくくなってきていることも，観光という行為の価値を高めていると考えられる。今日，国と国のあいだには，旅行や移住，金融資金の流れや文化的な交流を通じて，かなりの相互浸透がみられ，内と外の区別があいまいになってきている（コーエン・ケネディ 2003a：29）。また世界中の人が，同じようなテレビやインターネットの画面を通じて世界中の景色を見ており，遠く－近くと距離感覚もあいまいになっている。さらに，今日ハムは「より本物らしく見せ，食欲をそそるため」化学薬品で赤く着色され，女性は「より女らしく」見せるため化粧をしている。つまり本物らしく見せるため本物を加工した（偽物にした）ものが溢れ，仮想と現実の関係さえ複雑になっている（マキァーネル 2012：112）。さらに一部の観光客は，体験をインターネット上で発信することで観光地のイメージを（再）生産する側にも回っている（遠藤他 2014：16-17）。つまり観光する側とされる側の境界も，あやふやになっているのである。近くと遠くの区別，本物と偽物の境界があやふやになるにつれて，逆に加工された「差異」や「距離感」「本物らしさ」に価値があると考えられるようになった。この結果，これまで売買の対象とならなかったもの（例えば普通の人々の「本物の日常生活」）ですら，商品としての価値をもち，旅行者向けに売り出されるようになったと考えられている（コーエン・ケネディ 2003b：35）。こうして，グローバルな「旅」という経験そのものが，お金を払って手に入れる価値のあるもの（＝商品）になった。

3 グローバル化と観光のとらえ方

　観光をグローバル化のなかで考える時，社会学では，「社会的不平等の新たな空間化」（アーリ 2006：137）の構図に照らして議論されることが多かった。第一に，難民や非合法労働者にとっては越えることが難しい国境を，観光客は簡単に越えていくという，**越境行為そのものへの不平等**がある。つまりグローバル化が進んでくると，旅行客やビジネスマンにとっては以前より国境を簡単に越えることができるようになったが，逆に難民や非合法労働者にとってはグローバル化が進むにつれて国境を越えることが難しくなってきたという見方である。第二に，見られる者（ホスト＝ローカルな人）」は「見る者（ゲスト＝観光客）」が喜ぶように編集した自分（の文化）を演じているのではないか，その時見る者の好みのほうが見られる者の好み——ときに植民地主義的な好みのほうがより優先されるのではないかという「**文化的収奪**」（コーエン・ケネディ 2003b：48）という見方がある。グローバル化のなか

で人々は，ローカルな「文化」や「民族」のアイデンティティを，グローバルなまなざしに照らして演じ，自分自身に対しても意味づけなおすようになった。こうしたイメージは，「刺激的」なイメージや「新奇な」イメージなど，植民地的な感覚（例えば南太平洋の島国は「南の楽園」，アフリカは「野生の王国」といったイメージ）のうえに成り立っているのではないかという「不平等」のとらえ方である。その不平等は，豊かな欧米諸国（北の国々）からやってくる観光客と，彼らを受け入れる貧しいアジア・アフリカ諸国（南の国々）のあいだの不平等を象徴する構図としてとらえられることが多かった。

4 タイと国際観光

ところが今日では，この不平等の構図は，「搾取する北 – 搾取される南」という単純な二項対立の構図から，**域内格差・国内格差の構図**へと移り変わってきている。ここには，グローバル化が進むにしたがって，国家間の格差は小さくなり，一方で国家内部の格差は大きくなっている（ベック 2005：119）という背景がある。例えばタイは 1960 年にタイ観光協会（1979 年にタイ政府観光庁に改組）を設立して以来，政府主導の冷徹な分析にもとづいて海外からのインフラ投資を引き入れ，観光産業の振興に力を入れてきた。このタイへ入国した外国人観光客についての統計をみてみると，タイの観光について，じつは単純な「豊かな"北"の国から来た観光客が，貧しい"南"の国のイメージを消費している」という構図だけでは説明できないのがわかる。表 8-1 に示す通り，タイへ来る外国人観光客は，1980 年代にはもう欧米よりアジアからの観光客が一番多かった。とくに多いのはアセアン諸国と東アジア諸国からの観光客であり，国別にはタイより豊かな隣国マレーシア[1]からの観光客が最も多い時代が続いていた。2015 年現在，タイを訪れる観光客のうち最も多いのは中国人，それに次いでマレーシア人である。

5 国境・観光・出稼ぎ労働者

しかし首都バンコクや観光地アユタヤを訪れる日本人には，マレーシアからタ

---

[1] 2014 年現在，マレーシアの一人あたり GDP はタイの一人あたり GDP の約 2 倍である（United Nations (2016). *Statistical Yearbook 59th Issue* (*2016 edition*) 〈http://unstats.un.org/unsd/publications/statistical-yearbook（最終アクセス日：2016 年 10 月 1 日）〉）。

表8-1 出身地別タイへの観光客到着数

	マレーシア	日本	イギリス	アメリカ	中国
1982	402,513	225,433	138,808	115,348	98,394
1992	729,453	569,744	236,468	274,397	128,948
2002	1,296,109	1,222,270	569,812	509,841	763,139
2012	2,546,072	1,341,063	800,072	726,490	2,761,213

出典：*Yearbook of Tourism Statistics*, World Tourism Organization 各年版

イへの観光客の存在を感じる機会はそう多くないかもしれない。それでは、マレーシア人観光客はタイのどこにいるのだろうか。じつは、タイ・マレーシア国境地帯の観光地に、週末ごとにやって来るマレーシア人観光客が多くいるのだ。タイとマレーシアの国境には、陸路・海路・空路あわせて11の国境ゲートが存在する。これらの国境ゲートのうち幹線道路でつながれた国境ゲート沿いには、しばしば大なり小なり観光地や歓楽街が形成されている。

　こういった国境観光地帯に、マレーシアで都市中産階級として豊かになった人々が、イスラム教国マレーシアでは許されないさまざまな娯楽を求めて、週末に国境ゲートのこちら側（タイ側）に遊びにやって来る。ペナンやイポーといったマレーシア北部の都市から自家用車を飛ばせば、2時間ほどでタイとの国境に到達するという**近接性**がその陰にある。しかも首都クアラルンプールや、さらに遠いシンガポールとマレーシアの国境沿いにあるマレーシア第二の都市ジョホールバルから、タイ側の歓楽街に通っているという人々もいる。彼らは、1990年代半ばに開通した高速道路を自家用車で飛ばし、片道5時間で週末を過ごす国境のタイ側の歓楽街にやってくるのだ。人は観光客として国境を越える時、異なる法律に支配される社会を横切ることで、自分の国では許されない（宗教や性などに関する）個人の自由を手に入れたり、（アルコール・医薬品・賭博・売春などの）サービスにアクセスできるようになったりする（ディーナー・ヘーガン 2015：137-138）。また国境を越えて移動する観光客には、観光客にだけ適用される〈法律〉・〈規範〉や、観光客は従わなくてもよい〈法律〉や〈規範〉もある（マキャーネル 2012：210）。こうした仕組みのもとで、隣国の豊かになった人々の一部は週末ごとに法律や制度を横切って、自分の国では手に入らない自由や娯楽を手に入れる。国境のマレーシア側とタイ側で、道路が違う、家並みが違う、何より検問所の建物の新しさがタイ側とマレーシア側で、まるで違う。マレーシア側から国境ゲートを越えた人が、タイ側に入った途端に舗装が悪くなる道路や、時代を遡ったかのように質素になる家並みを前に、自分

図 8-1　マレーシアの主要都市から
タイ国境を越えてつながる南北高速
道路（筆者作成）

図 8-2　金曜の夕方，国境脇に BMW やホンダの自家用車
を停めタイ入国手続きをするマレーシアからの観光客たち
（2011 年 8 月 19 日　筆者撮影）

がまるで未来からやって来た人，ある種特権をもつ人という幻覚を覚える装置としての役割を，国境が果たしているともいえる。

　しかし，そのタイ・マレーシア国境地帯の観光産業を支えているのは，タイのなかで経済発展の恩恵に預かりそこねたグループの人々だという構図は，あまり知られていない。タイでも国境ゲート沿いの町は，いずれも人口の 6-8 割以上がイスラム教徒という地域（ヤラー，ソンクラー，ナラティワート，サトゥーン県）に属している。国境線のマレーシア側とタイ側とで，急にそこに住む人の宗教や文化が変わるわけではない。そこには国境のマレーシア側と同じようにイスラム教を信じる人々がおり，それらの人々は国境の向こう側（マレーシア側）と同じように，イスラムの教義で禁じられている種類の仕事をすることが許されない。

　こうした背景のもと，タイ・マレーシア国境観光地帯で，中小のホテル経営者や旅行代理店経営者は何世代か前にその土地に住みついた華人系住民であることが多い一方で，マッサージ店などで直接観光客にサービスを提供する末端労働者は，多くの場合住民から「丘の上に住む女たち」などと呼ばれ部外者として区別される，移民労働者である。こうした移民労働者たちは，低学歴で若いうちにシングルマザーとなった女性であることが，実に多い。そしてタイ北部から来た少数民族であることも少なくなく，彼らは，タイ生まれであっても（事実上の）無国籍である場合もある。こうした少数民族の人々は，多くの場合マッサージ店経営者が保証人となり，ミャンマー人労働者ビザを身分証として働くのである。小学校・中学校を途

中まで通ったというような学歴で，タイ社会でしばしば差別の対象とすらなる少数民族出身者だったりするシングル・マザーが，一人で子どもを育てられるような収入を得るのは，よほど才覚のある人でもまず難しい。工場で働くにしても高校卒業以上の学歴が求められるし，路上で屋台を出すにしても政府発行の身分証がなければならない。こうした一人親世帯に対する公共支援は，現状ではとても十分とはいえない。親族もおしなべて貧しいことが多い彼らの目に，貧困のなかで家族を養う数少ない手段のひとつとして映るのが，観光地帯での出稼ぎ労働なのである。華やかで楽しげな観光地の歓楽街で，ローカル住民が忌避するサービスを提供する移民労働者たちの背後には，多くの場合貧困の問題がある。そして，貧困をもたらす低学歴や無国籍の問題がある。豊かになった隣国からの観光客が自由と娯楽を満喫する歓楽街では，タイ社会の最底辺にいる，豊かになりつつあるタイ社会に入り込めない人々が，タイ女性らしさを売り，ほほ笑みの国の観光業を末端で支えている。

6 おわりに

マレーシア-タイ-タイのなかの少数民族という三者の立場を国際観光の場からみると，かつての「豊かな欧米人」-「貧しいアジア・アフリカ人」という構図に代わる，豊かな人と貧しい人との新しい境界がみえてくるだろう。観光の場ではお金がやりとりされ，**商品化された**「ほほ笑み」（お金を支払うから向けてもらえる笑顔や優しさ）が介在するために，当人たち（少なくとも観光客の側）には，問題構造がみえにくい。少なくともみえていないフリがまかり通る。自分の国では許されない，またはその金額で買えるはずもないサービスが「国境の向こう側」では手に入るのはなぜか。貧しい立場の者・立場の弱い者が，他に収入を得る手段がないために，他人が避けるような仕事で働かざるを得ないという，貧困をめぐる構造のうえにそれが可能になっている現実が確実にそこにある（コーエン・ケネディ 2003b：44）。しかし国際観光という装置は，「制度の違い」や「価値観や習慣の差」というイメージで，植民地主義的な差別も，ジェンダー差別もみえないフリができる仕組みともいえる。「現地にお金を落とすことで，彼らに貢献しているのだから」「自分の国とは違って，この国の人は文化や伝統が違うから何も罪悪感を持つ必要はないのだ」という，ほとんど非現実のイメージで「消費」が煽られる。国境を超えることで「普段は許されないことが許される」というメカニズムを利用し，楽しげで華やかに加工された観光は，何重もの意味で「非現実性産業（アンリアリティ）」なのだ。

これまでみてきた通り，国際観光は，「搾取する北－搾取される南」の構図から，かつての「南」のなかの域内・国内格差にもとづく入れ子構造へと変わってきている。そこには，グローバル化のもとで，だれが勝者でだれが敗者かが，どの国民だからといった理由だけで決められるほど単純ではなくなってきているという状況が立ち現れているともいえる。格差や不平等が国の違いにもとづくと考えられていたころは，明確な解決策があると考える人もいた。貧しい国の経済発展というのが，それである。しかしこの章で観光を事例としてみてきたような，グローバル化が進んだ時代の一国のなかの格差や不平等については，解決策はそう単純にはみつからない。背景には国籍や市民権の問題があり，言語や歴史観といった社会文化的な背景がある。これは何も東南アジアに限られた状況ではない。私たちのだれもが，身近な観光を通してグローバル化の構造を見つめ直すことができるだろう。

【引用・参考文献】
アーリ, J.／吉原直樹［監訳］（2006）.『社会を越える社会学―移動・環境・シチズンシップ』法政大学出版局
アーリ, J.・ラースン, J.／加太宏邦［訳］（2014）.『観光のまなざし　増補改訂版』法政大学出版局
遠藤英樹・寺岡伸悟・堀野正人［編著］（2014）.『観光メディア論』ナカニシヤ出版
コーエン, R. ケネディ, P.／山之内靖［監訳］伊藤　茂［訳］（2003a）.『グローバル・ソシオロジーⅠ―格差と亀裂』平凡社
コーエン, R. ケネディ, P.／山之内靖［監訳］（2003b）.『グローバル・ソシオロジーⅡ―ダイナミクスと挑戦』平凡社
ディーナー, A. C.・ヘーガン, J.／川久保文紀［訳］（2015）.『境界から世界を見る―ボーダースタディーズ入門』岩波書店
トムリンソン, J.／片岡　信［訳］（2000）.『グローバリゼーション―文化帝国主義を超えて』青土社
ブーアスティン, D. J.／星野郁美・後藤和彦［訳］（1964）.『幻影（イメジ）の時代―マスコミが製造する事実』東京創元社
ベック, U.／木前利秋・中村健吾［監訳］（2005）.『グローバル化の社会学―グローバリズムの誤謬　グローバル化への応答』国文社
マキァーネル, D.／安村克己・須藤　廣・高橋雄一郎・堀野正人・遠藤英樹・寺岡伸悟［訳］（2012）.『ザ・ツーリスト―高度近代社会の構造分析』学文社
リッツア, G.／正岡寛司［監訳］（1999）.『マクドナルド化する社会』早稲田大学出版部

【映画紹介】

	エマヌエーレ・クリアレーゼ［監督］（2011年，イタリア・フランス） 『海と大陸』［93分］
	観光客が訪れる地中海の美しいその海に，廃れる漁業で生きていけなくなった漁師たちがいて，ボートピープルとして漂う難民がいる――「楽しい楽園」観光地を演出しようとする島の裏側を描いた作品。 (DVD 販売元：角川書店)
	ステファニー・ブラック［監督］（2001年，アメリカ） 『ジャマイカ 楽園の真実』［86分］
	南国の楽園ジャマイカ――そのイメージを満喫するため，観光客がジャマイカにやって来る。その観光客がジャマイカで食べる食事は，じつは観光客と同じようにアメリカからやって来た食べ物であることも知らずに。おなじ町で，貿易自由化の影に苦しむジャマイカの農民たちが，デモをしていることも知らずに。グローバル化時代の観光の表と裏を描く作品。 (DVD 販売元：アップリンク)

Chapter 9
グローバル化とメディア

「国を持たない最大の民族」クルドの視点から考える

阿部るり

　「クルド」という言葉を聞いて、みなさんは何を思いつくでしょうか。「中東に住んでいる人たち」と答える人はいるかもしれませんが、多くの人は「何も知らない」というのが正直なところでしょう。「国を持たない世界最大の民族」と即答できる人は、きっと国際政治への関心が強いはずです。実はヨーロッパにも約150万人ものクルドの人々が暮らしています。メディアが専門の筆者は、ヨーロッパのクルド系移民の人々とメディアの関係について、この10年間ほど研究を続けています。「なぜ、そんなマイナーなことを調べているの」と多くの人が疑問に思うかもしれません。筆者がクルド系移民について研究しているのは、テレビ放送やインターネットといったメディアが、国という枠組みをもたないクルドの人たちを束ねる大きな力になっているという現実を、トルコや英国で目の当たりにしたからです。

　情報が一瞬にして世界を駆け回る今の時代。メディアに国境は関係ありません。ヨーロッパや中東に散らばったクルドの人たちを介して、メディアの可能性と現実を考えてみましょう。

ロンドン・ハリンゲイ地区グリーンレーン
（クルド系・トルコ系住民が多く住む地区、2016年、筆者撮影）

1 はじめに

　我々は，情報がメディアを通じて瞬く間に世界中に広まる時代を生きている。インターネットによる情報の拡散に，国境はもはや関係がない。こうした状況は，いまだに国という枠組みのなかで暮らす我々にとって，どのような意味をもつのだろうか。

　ところで，みなさんはクルド民族について何か読んだり，聞いたりしたことは，あるだろうか。クルド民族はトルコやイラン，イラク，シリアなどの国々に散らばって住み，総人口は2,500万～3,000万人といわれる。独自の国家をもたない世界最大の民族集団だ。それぞれの国において彼らは少数民族として扱われ，差別されることも少なくない。多くのトルコ生まれのクルドの人々は，トルコ政府の圧政や差別を嫌い，ヨーロッパに移り住んでいる。

　筆者は，トルコのメディア事情やヨーロッパにおけるクルド移民などについて研究している。ヨーロッパに移住したクルドの人々は，トルコに残った親族や友人らとEメールやSNSで頻繁に連絡を取り合っている。今やトルコのどんな田舎に行っても，スマートフォンを使いこなしている人たちに出会う。最新のテクノロジーは，日本に暮らす我々が思っている以上に途上国や新興国の人々にとって身近なのだ。

　住む場所によってトルコ人だったり，英国人だったりするクルドの人たち。逆説的ではあるが，本章では自分たちの国をもたない彼らとメディアの関係を読み解くことで，冒頭の問いについて考えていきたい。

2 メディアはだれのものか

■ 2-1　電信が切り開いたメディアのグローバル化

　メディアを介したグローバル化は，19世紀に電信という新メディアが発明されたことにより一気に加速した。電信とはモールス信号に代表される有線・無線の通信システムのことを指す。電信以前，ニュースやメッセージを離れた場所に伝えるには，伝書バトなど何らかの手段で物理的に運ぶ必要があった。電信の登場により，ロイターなどニュースを配信する通信社が欧米で設立された。そのネットワークは当時の帝国主義の波に乗って，世界中に広がっていった。19世紀に起源をもつグローバルなコミュニケーション秩序が，21世紀の今でも多かれ少なかれ続いていることにも留意しておきたい。

Chapter 9　グローバル化とメディア　95

　もちろん，欧米メディア発の情報が世界を席巻しているという状況に異を唱える動きがなかったわけではない。1970年代，国連のユネスコを舞台に，当時の途上国が欧米による国際情報空間の独占を問題提起した。この論争で，欧米を中心とする先進諸国側は情報の「自由な流れ」を主張。一方，途上国側は「バランスのとれた流れ」の必要性を唱えた。1980年には途上国側の主張を取り入れた「マクブライド報告書」が発表された。両者の対立は終わるものと思われたが，英米両国は同報告書に反発し，ユネスコを一時脱退した。

■ 2-2　衛星放送，そしてインターネットへ

　次に，本章でスポットをあてるクルドの人々が住む中東地域に目を向けてみよう。この地域では，長らく国家がテレビやラジオといった放送メディアを独占してきた。1990年代，民間資本が衛星放送事業に乗り出すと，政府による放送の独占状況が弱体化していくことなる。こうした状況を生み出したきっかけは，英米を中心とした国際有志連合とイラクが戦った1991年の湾岸戦争だった。この戦争では米国のニュース専門衛星チャンネル「CNN」が終始，戦争報道をリードし，おひざ元の中東各国のメディアは指をくわえてみている他なかった。危機感を募らせた中東諸国でメディアに対する規制が緩和され，相次ぎ民間の**衛星放送**が開局。中東の情報空間は多様化していった。

　中東の国々で起こる事件は，中東から世界に向けて情報発信する有力なメディアがなかったことから，欧米のメディアが中東を「代弁」する状況が長らく続いていた。欧米メディアというフィルターがかかることで，中東は「暴力的」「未開の地」「後進的」といったネガティブなイメージが世界中に拡散されたことは否定できない。こうした構造はパレスチナ出身で米国を拠点に研究を続けてきた思想家，エドワード・サイードによって「オリエンタリズム」として問題提起されている。

　中東を拠点にしたメディアのなかで最も有名なのは，1996年にカタールに開局した衛星放送チャンネル「アル・ジャジーラ」であろう。同局は「中東のCNN」ともよばれている。2003年のイラク戦争の際には，中東発のスクープを連発し，欧米メディア主導で進んだ国際世論の形成に一石を投じる役割を果たした。

　激動する中東情勢をみる際，メディアの発展に対する理解は欠かせない。みなさんは「アラブの春」という言葉を聞いたことはあるだろうか。2010年末から2011年にかけてチュニジアやエジプトで起こった一連の政権交代劇を指す。政府の圧政への不平不満が一気に爆発し，人々は雪崩を打って反政府運動へと突き進んだ。

人々の集会やデモへの動員にはSNSなど新しいメディアが利用された。スマートフォンが銃に代わる市民の「武器」となった。日本に住む我々，そして欧米の人々もインターネットを通じて，現地の状況をシェアし，一気に現地の反政府運動を支持する国際世論が形成された。

世界の情報の流れをみると欧米メディアの力は今でも抜きんでていることには間違いない。とはいえ，衛星放送やインターネットといったメディアテクノロジーの発展は，欧米中心の情報空間に大きな風穴を開ける役割を果たしているといえるだろう。

3 メディアのグローバル化をめぐる議論

■ いばらの「グローバル・ビレッジ」

メディア研究者のマーシャル・マクルーハンは1962年の著書『グーテンベルクの銀河系』で「グローバル・ビレッジ」という概念を提起した。電子メディアの発展により世界がひとつの村のようになるという考えだ。何か明るい響きがあるが，グローバル化が進んだ現代社会をみると，そう楽観ばかりもしていられないのではないか。

じつは，1970年代にはすでに，グローバル化するメディアに対する懐疑的な議論が提起されていた。列強が植民地支配を推し進める帝国主義の時代は終わったものの，メディアを介して途上国に影響力をおよぼすという「メディア帝国主義」とよぶ理論が，前述のユネスコの議論ともあいまって注目を集めた。

時あたかも東西冷戦期。社会主義圏を主導するソヴィエト連邦の東側陣営と，米国を中心に自由主義を標ぼうする西側陣営が，国際短波ラジオ放送を通じて，それぞれの主張を喧伝する時代でもあった。この時代のメディアの状況は，米ソ対立や南北の情報格差という問題をはらみながら，国や陣営を単位とするコミュニケーションに重きが置かれた。ドイツを東西に分かつ冷戦の象徴「ベルリンの壁」を1989年に崩す原動力のひとつは，自由や物質的豊かさを伝える西側陣営からのラジオやテレビ衛星放送だった。

ソ連が崩壊し冷戦が終結した1990年代以降，メディアの状況は一変。多種多様な主義主張が普及段階に入ったインターネットに乗って世界中を駆け巡る。社会主義や自由主義といった限られたイデオロギー対立に代わり，宗教や民族といった新たな断層が情報空間で顕在化し始めたのもこの頃だ。世界各地で過激化する民族紛

争や宗教対立。電子メディアの発展は地球をひとつの村にするどころか，各地に火種をもたらしている一面も忘れてはならない。

4　トルコ・メディア小史

■ メディアは国家統合の奉仕者

　トルコでは大統領や国会議員を選挙によって選ぶ民主主義を採用するものの，国家がマス・メディアをコントロールする傾向が強い。ジャーナリズムの歴史がある欧米諸国では，マス・メディアは「権力の番犬」として位置づけられる。程度の差こそあれ，権力を監視するのがメディアの役割と考えられている。しかし，トルコをはじめとする中東地域においては，メディアは政府の管理下におかれ，もっぱら国家の統合や発展の手段として扱われてきた。

　中東からヨーロッパをまたにかける帝国を築いたトルコは，宗教的，文化的バックグラウンドの異なる多彩な民族を今でも国内に抱えている。トルコ共和国は1923年の建国以来，こうした多様な人々をトルコ国民としてまとめあげて近代国家へと脱皮することを目指してきた。その基礎となる標準トルコ語や国家理念を普及させるための一翼を担ったのが，新聞・雑誌といった活字メディアであり，その後発達したラジオ，テレビといった放送メディアだった。テレビ放送は1968年の放送開始以来，トルコ国営放送（TRT）が独占してきた[1]。民間の国内放送局は長らく認められなかった。

　こうした状況に風穴を開けたのが，1991年にドイツを拠点にトルコに向けて放送を開始したMagic Boxという衛星チャンネルだった。トルコ国内で民間放送局を設立することは当時違法だったが，衛星放送をトルコの各家庭が受信することは禁じられていなかった。これ以降，海外に拠点を置く民間の衛星放送が相次ぎ誕生し，これら放送を受信するパラボラアンテナが家々の屋上などに据え付けられていった。トルコにおいて，放送メディアの国家による独占体制は有名無実となり，国内でも民放の設立がなし崩し的に認められていった。

---

1) TRTはトルコ・ラジオ・テレビ法2954条において，「公共経済組織」として公共放送サービスを行う運営者として規定されている。組織の運営，放送内容において時の政府の影響を強く受けてきたことから，時として国営放送にも近い性格を有する（Tunç 2015）。

5 クルド移民と遠隔地ナショナリズム

■ 5-1　トルコにおけるクルド問題の起源

　トルコにおけるクルド問題を理解するためには，トルコの歴史を紐解く必要がある。総人口3,000万人ともされるクルドは，独自の国をもたない最大の民族であると，すでに指摘した。現代の国境線が引かれる過程で，トルコやシリアの国民として生きていくことを運命づけられたのだ。彼らは各々の定住先で少数民族として位置づけられている。

　オスマン帝国末期からの戦乱や社会不安を経て，トルコ共和国は1923年に建国した。「建国の父」ケマル・アタテュルクのもと，徹底した世俗化，近代化政策が採用され，近代的国家を築くための国家統合が重んじられた。一方で国家や国土の解体を引き起こしかねない分離主義的な運動や思想は国家による取り締まりの対象とされ，弾圧された。複数の国家にまたがって住みながら強い連帯意識をもち続けるクルド人は，トルコ国家を解体しかねない危険分子として警戒され続けている。

　「セーブル・シンドローム」という表現がトルコにはある。第一次世界大戦に敗北したオスマン帝国と連合国のあいだで1920年に締結したセーブル条約に，クルド人による独立国家「クルディスタン」建国が盛り込まれていたことに由来する。この条約はアタテュルクらの反対により反故にされ，1923年に新たにローザンヌ条約が締結された。新条約ではクルディスタン構想は削除された。国家統合，近代化を推し進めてきたトルコは，クルド人という民族の存在は否定し，彼らにトルコ人への同化を求めた。1930年代に施行した同化政策の具体例としては，出版物，学校教育，裁判所におけるクルド語使用の禁止などが挙げられる。クルド語放送も禁止された。

　1950年代になりトルコで複数政党制が導入されると政治的な緊張が徐々に緩和され，後のクルド・ナショナリズムの萌芽につながるような政治的な動向がみえてきた。クルドの人々が自分たちが住むトルコ東部におけるインフラ投資が不十分なことや，トルコの社会制度が自分たちを差別していることに対することについて，不満の声を上げ始めたのもこの頃だ。

　クルド・ナショナリズム運動をけん引するPKK（クルディスタン労働者党）が1978年に設立されることによって，運動はより組織化，先鋭化していった。1980年代に入ると，クルド人への締め付けが強化されていく。1984年にはトルコ東部，南東部においてPKKとトルコ国軍のあいだで戦闘がはじまり，1990年代まで続く

武力闘争において，双方で3万人以上の犠牲者が出たとされる。

■ 5-2 ヨーロッパの「ディアスポラ」コミュニティ

　武力闘争をきっかけに，クルド人の，トルコ南東部や東部の山間部・農村部から都市部への人口流出が進んだ。そして1980年代末から90年代にかけては，豊かな生活や安定を求め，ドイツや英国など西ヨーロッパの国々に移住する人々も数多く存在した。こうした人々は，労働者としてすでに60年代からヨーロッパに移住していたクルド移民らと合流しながら，ベルリンやロンドンなど大都市にクルド系コミュニティを拡大していった。

　我々はともすれば「移民」と聞くと「弱者」「貧者」のイメージをもつ。故国だけでなく移住先の国々でも，少数者として肩身の狭い思いをしていると考える。もちろん弱者としての側面は見逃せないが，彼らをただ「弱い」「無力」な人々としてのみとらえるべきではないだろう。

　本章では，自らの意志でヨーロッパに移り住み，定住した人たちのことを「ディアスポラ」とよぶ。ディアスポラとはもともとギリシャ語で「散らされている者」を意味する。ヨーロッパ在住のクルド人の数は推定150万人。約100万人がドイツ，約20万人が英国，そして約15万人がフランスに居住しているとみられる。クルド人のディアスポラたちには，移住先で団結し，クルディスタン建国を夢見て政治活動に身を投じる人も少なくない。

　移住先の国や地域で民族意識が高まる現象を，政治学者のベネディクト・アンダーソンは「遠隔地ナショナリズム」とよんだ。遠く故郷を離れた土地で，なぜディアスポラたちは民族意識を高めるのか。新たな土地への絶望，それとも望郷の念……。人それぞれの理由はあろうが，遠隔地ナショナリズムの増幅にメディアの発達が一役買っていることは間違いない。

　メディアの発達により，移住先で人々は出身地で起きていることをリアルタイムで知ることができるようになった。インターネットのテレビ電話を使えば，遠く離れた家族や友人とゆっくり語らい合うことができる。また，故国に残った人たちも外の世界からの情報を移住した人々を通じて簡単に仕入れることが可能だ。こうしたコミュニケーションは時として国境の存在を無意味にし，国境に縛られない人々の新たな関係を生み出す力となる。

　話をクルド系ディアスポラとメディアの関係に戻そう。クルド語衛星放送の先駆けは，ロンドンのディアスポラ・コミュニティが中心となって1995年に立ち上

げた「MEDTV」だ。同局はトルコに限らず，中東の他の地域に向け放映された。トルコ政府は MEDTV が「分離主義を促す」と主張し，英国政府に圧力をかけた。MEDTV は 1999 年に英国の放送免許を失ったが，その後，名称や拠点を変えながら，現在は「News Channel」として放送を続けている。

　ヨーロッパに住むクルド人のなかには「クルド語放送を通じて，国や地域が異なるクルド人たちが団結できる」という考えをもつ人もいる。こうした考えはトルコ政府にとって脅威だろう。トルコ政府は 2009 年，ついにクルド語の国営テレビチャンネルを開局した。クルド人意識を煽る国外からの衛星放送から関心をそらすには，政府自らがクルド語で放送を行い管理下に置く方が得策と考えたのではないかと，筆者は推測している[2]。

6　おわりに

　メディアの発展により，人々は国境を意識することなく遠く離れた人たちと気軽にコミュニケーションすることができるようになった。地理的空間を意識せず連帯感を生み出すメディアの力は，同じ主義主張をもつ人たちをまとめる道具になることは容易に想像がつくだろう。インターネットを使えば，だれもが自分の主義主張を発信できる今の時代。権力者といえども「不都合な真実」は隠し切れない。

　2011 年 12 月 28 日，トルコ東部の町ロボスキーで 34 人のクルド人がトルコ国軍によって殺害された。ロボスキーの人たちはスマートフォンで事件現場を撮影し，それをヨーロッパに拠点を置くクルド語の衛星放送「RojTV」に提供した。この映像を RojTV は即座に放送した。また，クルド系のトルコ国会議員がツイッターでこの事件の発生をツイート。ハッシュタグ「TwitterKurd」で，瞬く間にこの事件が，トルコ国内はもとより，世界に知れ渡ることになった。政府の締め付けが厳しくなっていたトルコのメディアは事件発生から 1 日たって，ようやく事件を伝えたという[3]。

　もっとも，2500 万〜 3000 万人もの人口を抱えるクルドの人たちは，一枚岩ではない。例えば武力対立してでも独立や自治を勝ち取りたいと思う人もいれば，国民

---

[2] TRT が開始したクルド語による放送「TRT6」についての詳細については拙稿「クルド語公共放送『TRT6』の誕生」山本信人［編］『ジャーナリズムの国籍』（2015 年，慶應義塾出版会，pp.201-230）を参照。

[3] 2012 年 9 月筆者がロンドンのハリンゲイ地区，ハックニー地区などのクルド系コミュニティにおいて行った聞き取り調査において複数のクルド系ディアスポラがこの事件とメディアの関係について言及していた。

として生活している社会においてビジネスで成功している人もいる。暮らしている地域によっても考え方は大きく違うだろう。それぞれの立場での自由な意見の発信が増えるなか，クルドの人たちは国境を超えて連帯を深める一方，意見を異にするグループ同士の溝が深くなってきているように，筆者には思えてならない。「タコツボ化」する主張が国境を超えて共鳴・反発し合い，国のなかに新たな勢力を作ったり，国を分断させたりする。クルドの視点に立ってメディアの発展について考えると，このような景色がみえてくる。

【引用・参考文献】
アンダーソン, B. R. O'G. ／糟谷啓介・高地 薫［訳］（2005）．『比較の亡霊―ナショナリズム・東南アジア・世界』作品社
サイード, E. W. ／今沢紀子［訳］（1993）．『オリエンタリズム　上・下』平凡社
マクルーハン, M. ／森 常治［訳］（1986）．『グーテンベルクの銀河系―活字人間の形成』みすず書房
Tunç, A. (2015). Monitoring EU Guidelines in Turkey: Instruments of political propaganda and censorship. *South East European Media Observatory* 〈http://mediaobservatory.net/radar/monitoring-eu-guidelines-turkey-instruments-political-propaganda-and-censorship（最終アクセス日：2016 年 11 月 21 日）〉

【関連文献】
サイード, E. W. ／浅井信雄，佐藤成文［共訳］（1996）．『イスラム報道―ニュースはいかにつくられるか』みすず書房

【映画紹介】

ハンダン・イペクチ［監督］（2001 年，トルコ）『少女ヘジャル』［120 分］
トルコ人監督の手による，トルコ人の老人と孤児になったクルド人少女との交流を描いた作品。クルド人の存在を封じ込めていたトルコ社会に，問題を提起した。 (DVD 販売元：ファインフィルムズ)

フィリップ・リオレ［監督］（2009 年，フランス）『君を想って海をゆく』［110 分］
イギリスに移住した恋人に会いたい一心で，イラクからドーバー海峡を望むフランスの町まで歩いてきたクルド人難民の少年。彼には海峡を越える手段はなく，とうとう泳いで渡ろうという考えに希望を繋ごうとする少年の物語。クルド人難民の置かれた状況を描いている。 (DVD 販売元：角川書店)

Chapter 10
グローバル化時代の宗教とアイデンティティ

イギリスのムスリム女性を事例として

安達智史

　本章では，イギリスの女性ムスリムを事例としながら，グローバル化を通じて国境や文明を越境する宗教のあり方についてみていきましょう。かつて宗教は，同じ共同体に属する人々の振る舞いを規制し，共通のアイデンティティと価値を提供する「聖なる天蓋」としての役割を果たしていました。それが近代化やグローバル化にともない，宗教は連帯を生み出すものではなく，むしろ衝突や分断をもたらす要因としてみなされるようになっています。そうした見方は，とりわけ，現代のヨーロッパにおけるイスラームに向けられているといえるでしょう。それに対して本章では，ムスリム女性が，イスラームを破棄するのではなく，それを積極的に自身のアイデンティティに組み込むことで，西欧社会へと適応している姿を描き出します。

イースト・ロンドン モスク（2014年．筆者撮影）

1 はじめに：宗教・アイデンティティ・グローバル化

　社会学は伝統的に，社会秩序の最も重要な要因として宗教を位置づけ，注目してきた。その理由は，宗教が，同じ共同体に属する人々の振る舞いを規制するとともに，共通のアイデンティティと価値を提供するからである。社会学者ピーター・バーガーは，そうした宗教の機能を「聖なる天蓋」とよび，「世界を説明し，倫理的生活を組織化する原理」として説明した（バーガー 1979）。だが，グローバル化を経験する現在，宗教のそうした社会的役割は変容を余儀なくされている。というのも，宗教が人々の行為を規制し，アイデンティティの源泉となるには，宗教的共同体が他の共同体と区別され，その固有性が維持される必要があるためである。近代の世俗化（＝宗教と社会の無関連化），そして現代のグローバルな移動の増加は，異なる宗教的背景をもつ人々の日常的かかわりを増大させることで，そうした宗教的機能を保証していた環境条件を変化させているのである。

　その結果は複雑である。一方で，宗教は社会のメンバーシップの必要条件ではなくなり，その結果，信仰は社会生活やアイデンティティの一部として私的領域に限定されるようになっている。これは，西欧社会における，宗教組織への所属の著しい低下のなかにみることができる。他方で，宗教が空洞化し，生の意味が失われつつある環境にあって，逆に，自らの手で積極的に宗教的ルーツを探求し，より真性な，あるいはより急進的な形で信仰実践を追求する者も増大している。例えば，新新宗教の世界的な広まり，スピリチュアル・ブーム，教皇を中心としたカソリックのリバイバル，そして近年の若者ムスリムのイスラーム意識の高まり，である（住原 2007）。

　こうした宗教の空洞化と宗教意識の高まりという相矛盾する展開は，社会秩序をめぐる深刻な問題をもたらしうるものである。つまり，後者の宗教とのかかわりが強くなることが，前者の世俗化を旨とする近代的空間やその価値（＝自由，平等）に抵触することで，社会の秩序を脅かすと考えられるからである（安達 2016）。

　だが，そうした見解は果たして適切なものなのだろうか。宗教は，西欧社会に由来する近代的空間やアイデンティティにおいて，不要なもの，あるいは危険なものとしてとらえられるべきなのだろうか。本章は，イスラームの事例を用いながらこうした疑問に答えることで，グローバル化時代の宗教・アイデンティティ・社会統合の関係をめぐるひとつのメカニズムについて説明する。

2 イスラームと文明の衝突

　グローバル化と宗教をめぐるこのような問題は，今日の世界政治において重要な課題となっている。その中心にイスラームがあることに，異議を唱える者は少ないであろう。2001年のニューヨークのツインタワーへの自爆テロというスペクタクルな事件を契機として，宗教としてのイスラームの存在は，西欧社会の秩序，および共有されるべき価値やアイデンティティをめぐる重大な関心ごととなっている。なかでも女性は，欧米における世論形成の格好の題材である。次節で議論するように，ムスリム女性のスカーフやヴェールの着用は，西欧の世俗的な公共空間の秩序を乱すものとして危険視されているのである。このような西欧とイスラームとの関係を，「文明の衝突」（ハンチントン 1998）という枠組みでとらえることができる。

　しかし，こうした見方は，グローバル化時代のイスラームを理解する手段として十分なものではないかもしれない。イスラームは，中東を起源とし，西アジアや北アフリカを中心として発展した宗教であり，今でもムスリムの大半はそれらの地域に居住している。だが，グローバル化のなかでその分布はさらに広がり，キリスト教の伝統が深く根づくヨーロッパ諸国にも多数のムスリムが住むようになっている。例えば，フランスやドイツでは，それぞれ600万人のムスリムが暮らしており，総人口の7.5％，5.8％を構成している。また，本章が検討するイギリスは，総人口の4.8％を占めるおよそ300万人のムスリムのホームランドとなっている。イスラームはいまやヨーロッパの第二の宗教として社会に根づき，大多数のムスリムはその一員として，深刻な問題を引き起こすことなく，社会参加を実現しているのである（安達 2013）。

　こうした点と突き合わせた時，グローバル化という環境下でのイスラームと西欧との出会いを，文明の衝突としてのみとらえるのは適切ではないことがわかる。そこで以下では，女性ムスリムに焦点を絞りながら，両者の関係のあり方を描いていく。

3 イスラームと女性

　西欧社会においてムスリム女性を語る際，必ず言及されるのが「ヒジャブ（＝スカーフ，ヴェール）」である。アラビア語でヒジャブ（hijab）は，「カーテン」「パーティション」，あるいはより抽象的には「隔てる」「保護する」という意味をもって

いる。この用語は，イスラームの聖典『クルアーン（コーラン）』に登場するが，それは必ずしも具体的な服装を意味するものではなかった。だがそれは現在，女性の私的部分（ex. 髪や顔）を男性の目から隠す手段としての「スカーフ」「ヴェール」を指すものとしてもっぱら用いられている。

ヒジャブが問題となるのは，それが男女を空間的・社会的に分断するための手段としてみなされるからである。つまり，男性の視線からの防衛は，女性の（男性が支配する）公的領域からの排除をともなうとともに，自律や社会参加を阻害する（＝女性の家庭役割への従属）と考えられている。だからこそ，厳格な**政教分離**（＝ライシテ）で知られるフランス（あるいはかつてのトルコ）では，学校などの公共空間におけるスカーフやヴェールの着用は法的に禁じられているのである（安達 2013）。

だが他方で，イギリスの文脈でみた場合，自由を制限されたムスリム女性というイメージと矛盾するデータも存在する。例えば，ムスリム女性のイギリスの教育システムへの統合はかなり進んでいる。2009 年のイングランドにおける GCSE 試験（＝大学進学資格試験）において 5 科目以上合格点を獲得した生徒の割合は，白人系イギリス人の女子が 59%（男子 52%）であるのに対して，バングラデシュ系では 58%（男子 50%），パキスタン系でも女子 53%（男子 46%）と，遜色がなくなっている。また，1994/5 年から 2012/13 年にかけて，大学の第一学年に在学している学生数のエスニシティごとの推移をみてみると，白人系女性の在学人数は 56% 増大しているのに対して，パキスタン系では 284%，バングラデシュ系では 476% 増えている。

こうした統計的事実は，彼女たちの社会への統合を部分的に示すものとなっている。では，それはどのようにして可能になっているのだろうか。イギリス社会への統合は，ムスリムとしてのアイデンティティを脱ぎ捨てたことを意味しているのだろうか。イスラームおよび西欧社会において女性に期待されている役割をめぐる葛藤は，どのように解消されているのだろうか。こうした点を，筆者自身のインタビューを通じて集められた，約 60 名の女性たちの実際の声に即しながら読み解いてみよう。

4 教育・労働・結婚

筆者がインタビューをおこなったのは，イングランド中西部のコベントリーのパキスタン・コミュニティ，そしてイースト・ロンドンのバングラデシュ・コミュ

Chapter 10 グローバル化時代の宗教とアイデンティティ

ニティであり，インフォーマントは主に移民第二，三世代の若者であった。そのほとんどは，イスラームへの強いコミットメントを示しており，日常的にヒジャブを着用していた。また多くは，一方で大学への進学経験を有していたが，他方で社会階層は総じて低かった。つまり，インフォーマントは，一部の裕福な層ではなく，標準的なイギリスのアジア系ムスリムの背景（＝貧困）を反映している。インタビューでは，教育・労働・結婚などをテーマに聞き取りをおこなった。

インタビューで明らかとなったのは，彼女たちが教育やキャリアに対して極めて高い価値を与えているという点である。彼女たちは，教育をまずもってキャリアや労働市場とのかかわりのなかで評価している。つまり，教育は，社会に出て働くためのスキルや資格の獲得に向けた手段として意味づけられている。このような態度は，法律系の専門職に就いているパルビーンの発言に典型的に表れている。

> 人はできるかぎり挑戦し，学習すべきだわ。なぜって，勉強すればするほど，仕事を得るためのより多くのチャンスを獲得することができるから。特に，法律，会計，薬学のような特別なキャリアに進みたいと考えているならなおさらね。そのためには，決まった道があるから。（パルビーン，パキスタン系，30代）

ここで重要なことは，教育資格が，労働市場におけるキャリア設計とほぼ等価なものとして語られているという点である。そうした考え方の背後にあるのが，家計の維持のための共稼ぎの必要性である。「今日，一人分の収入で一人の人間が生きていくことは難しい。ただ生き抜くだけでも二人の人間が必要なの。だから，私は，仕事をもつことは女性にとってある種，必要なことだと思うわ」（ヤスミン，バングラデシュ系，20代）。経済的必要性は，とくにイースト・ロンドンの女性たちから聞かれた。地価や住宅費の上昇が社会問題化しているロンドンで暮らす彼女たちは，男性一人の稼ぎ手モデルでは家族を運営することができないと考えているのである。

彼女たちにとって教育は，「自立」にとって不可欠な資源と考えられている。これは，職を有するあるインフォーマントの発言に端的に現れている。

> 教育が決定的に重要だってことに同意するわ。単純化して話すと，何かをどのように読むかをただ知っているだけでも，あなたの目を開かせ，誰かへの依存を少なくするよう人を勇気づけるの。私にとって教育は，自分の足で立つことと関係するものだから。（ルクシャナ，バングラデシュ系，20代）

「自分の足で立つ」ことには、「夫への依存」から自由になることを含んでいる。

では、彼女たちは結婚に対してどのような考えをもっているのだろうか。アジア系コミュニティにおいて女性は家族の顔を表し、結婚は家族にとって重要な義務として位置づけられている。また、家庭内の義務は、女性により多く割り当てられる傾向にある。したがって、結婚と、教育および（その目的としての）労働は、部分的には対立する。この点について、ナズマは次のように述べている。

> 古い世代はお見合い結婚をおこない、とても若いとき、12歳や15歳のときに結婚している。だけど、この世代は自分の仕事をもち、仕事をすることを望んでいるわ。古い世代は家で料理や掃除をして、子どもを持つの。でも、私たちは、同様に働きたいと思っているわ。みんな働きたいの。古い世代は、男性と働くことができない。でも、今ではそれは問題ないわ。（ナズマ、アフリカ系、20代）

高等教育へのアクセスを実現しつつある今日の女性ムスリムは、その結果として、労働市場に参加し、自己実現への強い動機を有している。そのため、結婚は彼女たちの唯一の選択肢ではなくなっている。そうであるがゆえに、労働市場へのアクセスを担保する教育が重要な意味を有しているのである。

5 〈宗教／文化〉の区別・知識・情報化

これまでみてきた女性たちの発言から、インタビューの対象となった今日のムスリム女性は西欧社会の価値に「同化」しているようにみえる。つまり、イスラームの伝統的な慣習や信念を破棄し、西欧社会の価値を取得しているかのようである。しかし、事態はそれほど単純ではない。彼女たちの多くは、同時に、スカーフを着用し、イスラームへの強い信仰を告白し、ムスリムとしてのアイデンティティやその義務の履行（ex. お祈り、スカーフ、寄付、イスラーム的生活）への深いかかわりを表明しているのである。だが、そうした信仰は、イギリス社会への適応にどのような影響をもつのだろうか。

この問題を考えるには、〈宗教／文化〉の区別が重要である。それは、自身の民族にもとづく文化的慣習や伝統から切り離す形で、イスラームを（再）定義することを指している。より正確には、民族的「文化」を否定的なものとして描くことで、「宗教」としてのイスラームをより積極的なものとして位置づけることを意味している。

Chapter 10 グローバル化時代の宗教とアイデンティティ

それは，イスラームと関係のあるものではないと思う。それはより文化的なものだわ。(ハフサ，アフリカ系，20代)

古い世代は多くのアジア系の文化と混同しているの。……だからこんな風にいうの。「お母さん。それは文化よ」って。(キスマ，バングラデシュ系，20代)

ここで，「それ」というのは，ヴェールの着用(前者)あるいは強制による結婚(後者)をそれぞれ指しているが，そのなかに，その他のいくつかのアジア系の慣習を入れることが可能である。例えば，「女性の教育やキャリアからの撤退」「早期の結婚」「派手な結婚式」「不必要な儀礼」「モスクからの女性の排除」「一夫多妻制」「割礼」などである。彼女たちは，いくつかの「(アジア系)文化」が抑圧的であると示す一方で，「イスラーム」をより民主的で，自由なものと提示しているのである。

いくつかのインフォーマントは，そうした積極的な特性を説明するために，イスラームの「知識」を活用している。

キラート　預言者(＝ムハンマド)は，実際，働いているビジネス・ウーマンだったハディーシャと結婚したわ。そうよ，彼女は，当時の彼に比べて，とてもとても成功していたの。

アイマル　彼は，彼女のために働いていたと思う。

キラート　そう。実際，彼は，彼女が信頼し，本当に尊敬していた雇われ人だった。だから彼女は，私たちのロール・モデルとして見習わなければならない人だわ。彼女はビジネス・ウーマンだったけれど，慎み深かった。彼女は，彼よりも稼ぎがよかった……。

キラート(インド系，20代)とアイマル(パキスタン系，20代)のやり取りは預言者ムハンマドの最初の妻であるハディーシャについてのものである。ここで，彼女は，夫であるムハンマドの雇い主である「自立した」女性として参照されている。一般に広く信じられているように，イスラームが女性の社会参加(キャリア，教育)を妨げることはなく，むしろそれを促進するものであることを説明するために，ハディーシャが用いられている。これは，彼女たちが，いくつかの文化的慣習を拒否し，イギリス社会へのより積極的な参加を可能にするための交渉の資源として，イスラームの知識を活用していることを示している。

情報化は，ムスリム女性の知識の獲得にとって，決定的な意味を有している。宗教的知識は通常，長いあいだ，神学的エリート——ウラマー，司祭，ラビなど——によって生産され，供給され，一般の信徒はそれをただ受け入れるだけだった。したがって，末端の信徒が，その教えに独自の解釈を施すことは期待されてはいなかった。これは，とくに女性に当てはまる。女性は，イスラームの知識から排除されることで，男性が支配する伝統的な権力関係に組み込みこまれていたのである。
　それに対して，現代の多くの女性ムスリムは，知識を得るため多くの機会を有している。このことは，彼女たちの親世代と大きく異なる点である。

　　古い世代はこんなふうに言っているわ。「私たちが子どもの頃，学ぶ機会がなかった。だから知識がなかった」，って。……祖父母や両親の多くは読み書きができなかった。だって，彼女／彼らは教育を受けておらず，それは宗教においても同様の状態にあったから。（ムズナ，混血，20代）

　インフォーマントの両親や祖父母の多くは，パキスタンやバングラデシュの貧しい地域や家庭で暮らしていた。そこでは宗教的インフラ（ex. モスク，学者，宗教的テキスト）は十分に発展しておらず，生活や信仰は，もっぱら文化的伝統によって支配されていた。そのため，正しい知識を得ることは困難だった。
　それに対して，現在の若者は，豊かな宗教的インフラを有しており，イスラームについて多くの知識を得ることができる。彼女／彼らは，インターネットに日常的にアクセスしており，それを知識の探求のために積極的に用いている。その活用方法は，クルアーンやハディースの関心のある箇所を検索したり，イスラーム学者のQ&Aコーナーをのぞいたり，自身の学派の，あるいは好みの学者の教えを，YouTubeなどを通じて視聴するなど，多岐にわたっている。重要なことは，彼女たちが，コミュニティのなかで命じられている教えに疑問をもつ場合，それとは異なるイスラームの源泉にアクセスできるという点にある。

　　もしその答えに安心できなかったり，満足いかなかったり，混乱したりしたら，あなたは学者に相談することができるわ。携帯，インターネット，メールでアクセスできるとても多くの学者がいるの。（ムズナ，混血，20代）

　このようにしてインフォーマントは，イスラームの伝統的な解釈を超え，現代の

西欧社会に生きるムスリムの若者が抱える問題——例えば，教育，就労，家族・男女関係など——に積極的に応えられるイスラームの知識を，選択的に得ているのである。

6 おわりに

「はじめに」で述べたように，グローバル化時代において，宗教は人々のアイデンティティの自明な源泉として機能することは困難になっている。宗教は，人々を結び合わせるものではなく，世俗化した社会を分断させる要因としてますます語られるようになっている。そうした見方には，宗教としてのイスラーム（過激主義）と西欧主導による近代的価値との文明の衝突の存在が前提とされている。だが，本章でみた，イギリスの女性ムスリムの姿は，そうした政治的言説とは大きく異なるものである。彼女たちは，自身の所属やアイデンティティを，イスラームか西欧社会かという単純な二項図式でとらえておらず，むしろイスラームを通じて，イギリス社会に参加している。つまり，彼女たちは，グローバル化によって現れた複雑な環境にあって，イスラームを主体的に再解釈し，それをアイデンティティの一部として再取得することで，イギリス社会に適応しているのである。

本章の事例は，グローバル化を通じて国境や文明を越境する宗教が，どのように人々の重要なアイデンティティの一部として留まりつつ，新たな社会において存続するのか，という点を示すものである。重要なのは，越境する宗教の新たな社会への適応は，自動的なものではなく，そこに暮らす人々の日々の生活における努力や葛藤を通じて達成されるという点である。言い換えれば，「エージェント（主体）」としての個人を通じて，宗教はかつての伝統から切り離され，再解釈され，そして新たな社会に適応されることで，異なる文脈においてその存続が可能になっている。これは，グローバル化の複雑な環境に置かれた宗教の存続・発展のメカニズムの一端を示している。

【引用・参考文献】

安達智史（2013）.『リベラル・ナショナリズムと多文化主義―イギリスの社会統合とムスリム』勁草書房

安達智史（2016）.「イースト・ロンドンの女性ムスリムの教育意識―家族・主体性・信仰」『白山人類学』19, 33-55

住原則也［編］（2007）.『グローバル化のなかの宗教―文化的影響・ネットワーク・ナラロジー』世界思想社

バーガー, P. L. ／薗田　稔［訳］（1979）.『聖なる天蓋―神聖世界の社会学』新曜社

ハンチントン, S. P. ／鈴木主税［訳］（1998）.『文明の衝突』集英社

【関連文献】

ウエルベック, M. ／大塚　桃［訳］（2015）.『服従』河出書房新社

シディキ, H. ／堤　理華［訳］（2010）.『1 冊で知るムスリム』原書房

【映画紹介】

ダニアン・オドネル［監督］（1999 年，イギリス）
『ぼくの国，パパの国』［120 分］

1970 年代のマンチェスターを舞台に，パキスタン系移民一世の父と，彼が白人の妻とのあいだに築いた家庭で生まれ育った 7 人の子どもたちとの，世代間ギャップを描いたコメディ作品。父親は子どもたちを敬虔なイスラム教徒として育てようと必死になるものの，「現代っ子」である子どもたちはそれを簡単には受け入れられず……。
（DVD 販売元：キングレコード）

コラム③：スポーツに垣間見る国際競争
倉石　平（元バスケットボール日本代表・早稲田大学教授）

　従来は，オリンピックやワールドカップ（世界選手権）といった国別に戦われるスポーツ大会が，世界ナンバーワンを決定する最大価値のあるものと思われてきた。しかし最近その状況が大きく変わりつつある。例えば競技団体では世界最大の競技者を誇るスポーツ，バスケットボールを例にみてみよう。バスケットボールは，NBA（プロ北米バスケットボールリーグ）や，ヨーロッパでメジャーなユーロリーグ（ヨーロッパプロバスケットボールリーグのひとつ）などの存在が示す通り世界中でポピュラーなスポーツといわれている。このふたつのビッグリーグに象徴されるのが，昨今のスポーツ事情なのである。

　例えばスペインのふたつの有名クラブ，FC バルセロナ（以降バルサ）とレアルマドリッドは，サッカーが最も有名であるが，同じクラブに所属しているバスケットも有名であり，この２チームの熱き戦いがヨーロッパ中，それどころか世界からも注目をされる存在となっている。この２チームは強大な力をもち，母国スペイン人はもとより世界中に目を向けており，世界中から幼少期の子供をスカウトするほどである。こうしたクラブは一方で，地域密着というスタイルをとても重んじている。バルサはその点でとくに有名である。世界各国，13歳くらいから加わる優秀なプレイヤーたちは，バルサTV など，出資者でもある市民の前に露出させられる。そのために言語教育を最初に受講させられる。毎朝学校に行く前に，つまり０時間目にカタルーニュア語（カタルーニュア地域特有な言語）を習うのである。言語を扱えないとバルサの一員として迎えられないからでもある。そこからスペイン色，バルサ色をしっかりと身につけられるのである。バルサ出身のNBA プレイヤーもたくさんおり，現在も毎年バルサからNBA へドラフトされている。そのなかから数人はスペイン国籍も取得するのである。生まれた国などのアイデンティティなどのようになっているのだろうか，とても考えさせられる昨今でもある。

　以上のような状況を鑑みると，国別対抗戦の価値はいかなるものであろうか。トップのクラブがトッププレイヤーを世界から集め，そしてトップリーグを形成する。サッカーとバスケットに多くみられる形であるが，クラブが中心であるため国を超えた形でクラブが存在する。また，これだけスポーツがプロフェッショナルに傾注していくと，学校教育とも難しい関係になるわけであり，クラブが大金を手中に収めている現状，ますますエキサイトしていくように考えられる。こうしたことを鑑みると，オリンピックや世界選手権のような国別対抗戦の価値は如何なものかと問いかけるほどである。

■見学施設紹介③:神戸華僑歴史博物館
(神戸市中央区)〈http://kochm.org〉

　江戸時代末,世界に開かれた貿易港として現在の神戸港が開港した。それに伴って港近くにつくられた旧居留地と六甲山麓の北野異人館は,カフェや結婚式場が集まる観光地となっている。今から150年前,この洋館を作った欧米人が神戸で暮らしていたことは多くの日本人に記憶されている。しかし神戸にはこのころ多くの華僑の人々も移り住み,国際貿易港神戸の発展に貢献していたことは,どれほどの人が知っているだろうか。上海や香港から移り住んだ彼らは,為替仲買業者や船会社の代理業,外国人のための洋服仕立業や理髪・飲食業など,国際貸易港神戸の発展に欠かせないさまざまな役割を果たした。そうした神戸港の発展をささえた華僑の歴史を学ぶことができる,神戸華僑の人々の手による博物館がこの神戸華僑歴史博物館である。この資料館では貴重な文献や資料の展示を通して,神戸華僑が神戸発展に果たした役割,日本人と中国人の交流の足跡,神戸華僑の世界を学ぶことができる。

図1　神戸華僑歴史博物館
(© 神戸華僑歴史博物館)

　開館は水曜日から土曜日までの週4日間。開館時間内なら,団体で見学することも可能だ(20名以上の場合は,事前申込が必要)。この資料館は多文化社会日本としての歴史を学ぶことのできる,貴重な博物館のひとつである。

神戸華僑歴史博物館	
HP	http://kochm.org/index.html
アクセス	[電車の場合] JR神戸線「元町駅」,または,阪神電車「元町駅」から徒歩約7分。神戸市営地下鉄海岸線「みなと元町駅」徒歩約5分。阪急電車「花隈駅」徒歩約8分。 [車の場合] 専用駐車場はありません。近くの有料駐車場を御利用ください。
入館料	障がい者・小学生以下:無料 学生(中学生以上)200円 一　般:300円 団体(20名以上で事前受付したグループ):200円
見学可能時間	水・木・金・土曜の10:00-17:00
TEL	078-331-3855
FAX	078-331-9530
住　　所	〒650-0024　兵庫県神戸市中央区海岸通3-1-1 KCCビル(神戸中華総商会ビル)2F

Part IV

社会問題からみるローカルと
グローバルの関係

Chapter 11

犯罪のグローバル化

ヨーロッパにおける人身取引の事例から

中村文子

　グローバル化の進展は，経済・社会状況や制度の違いをうまく利用して，国境を越えて工業製品や金融商品を動かすことを可能にしました。その結果「安くてよいもの」を手にする人や，新しいやり方で利益を上げる企業が生まれています。しかしそれはまた同時に，経済・社会状況や制度の違いを悪用し，違法な商品（武器・麻薬・盗品・偽造品・子どもや女性）の流通とその被害者を生みました。生産活動や金融取引における著作権や脱税の問題が，国を越えると複雑化して取り締まりにくくなるのとまったく同じ原理で，国境を越えた犯罪もまた，国ごとの制度や組織によって防ぐことが，難しくなっているのです。この章では，グローバルな犯罪の一類型として人身取引を取り上げ，ヨーロッパの事例を中心にして，その現状・原因や，解決に向けた取り組みについて考えていきましょう。

借金額をタトゥーで入れられた少女の腕
（2012年 © スペイン国家警察）

1 はじめに

　グローバル化の進展は，国境を越えた移動や取引をより速く，安く，簡単にする技術やシステムを生んだ。しかし実は，より便利で豊かな生活を享受する人が多く生まれた一方で，グローバル化が進んだことよって逆に安全や自由を失う人や犯罪被害も生まれた。その背景には，企業の生産活動や金融活動が国境を越えて容易に拡大するのと同じ技術とシステムを使って，犯罪組織も国境を越えて容易に犯罪を拡大することができるようになった，グローバル化の負の側面がある。ビジネスマンが簡単に国境を越えられるようになった交通・情報システムを使い，犯罪者も簡単に国境を越える。大量の観光客が行き来するその手段で，売られた子どもや女性が国境を越えていく。また車やテレビがやりとりされる仕組みで，違法な麻薬や武器が国境を越えて移動していくのである。この点に関連して国際政治学者の福島安紀子は，トーマス・フリードマンを引用して以下のように述べている。

　　グローバル化は「市場，国家や技術が過去に例を見ないほど相互に綾を織り成し，人間や企業，国家が今までよりも世界中により遠く，早く，深く，安く手を伸ばすことができ，又グローバル化に残忍な仕打ちを受けたり，グローバル化から取り残された者たちが激しく反発する現象を生んでいる」（福島 2010：24；フリードマン 2000：29）[1]。

　この文章のなかで「グローバル化に残忍な仕打ちを受け」る人々と指摘される人には，多様なケースがある。しかし人身取引の被害者として国境を越えて売買される子どもや女性が，その代表であることは間違いない。

　国連が2014年にまとめた『人身取引に関するグローバル・レポート』によれば，世界で20億人以上の人々が，国連が人身取引から身を守るために必要としている条件を満たせない状況に置かれており，東欧・中欧・サハラ以南アフリカやアジアの貧しい地域の人々が，西欧・北米・中東といった世界の豊かな地域へ売られているという（United Nations 2014：7）。このうち本章では，EUで人身取引対策の中心となっている，ロシアおよびその周辺諸国や東欧諸国から西欧諸国への人身取引に

---

1) フリードマンの原文の日本語訳は，東江・服部による原著の訳本と福島の引用訳とで異なる。ここでは福島の訳を採用した。

ついて検討する。まず，人身取引の具体的な事例を紹介することを通じて，人身取引の実態に迫ってみたい。第二に，人身取引の定義を踏まえながら，人身取引とはどのような行為を指すのかを明確にする。第三に，人身取引のデータを用いながら，人身売買がどのように行われているのかを明らかにし，第四に，なぜ人身取引が行われるのかを考えることにしよう。最後に，国連やEUが，どのような人身取引の対策をしているのかを紹介し，人身取引はどのようにしたらなくせるのか，その展望を示す。

2 人身取引とは

　バーシャは，アルバニアで父親から暴力を受けて育った。彼女が19歳のときに，父親が連れてきた男と無理矢理に結婚させられ，ギリシアに移住した。しかし，男の親におとしめられ，つらい日々を送っていた。そのような生活と縁を切るため，バーシャは友だちを介して知り合った若い男とイギリスに渡ることにした。ところが，バーシャがイギリスに着くと，その若い男は彼女を捨て，見知らぬアルバニア人の男二人に引き渡したのだった。バーシャはどこかの家に監禁され，二人の男たちの監視の下，1日に五人の客と売春するように強要された。逃げたら家族の命はないと脅されてのことだった[2]。

　このような人身取引の被害に遭っているのは，バーシャのような東ヨーロッパからの人だけではない。バルセロナでは，ナイジェリアの犯罪組織が女性たちを北アフリカからスペインに渡航させ，その家族を強姦したり殺したりすると脅しをかけて，彼女たちを支配下に置いている。また，中国マフィアは，中国人，日本人，韓国人の女性を売春宿で働かせているという[3]。

　それでは人身取引とはどのような行為を指すのだろうか。人身取引に関しては，2000年に国連総会によって採択された「国際的な組織犯罪の防止に関する国際連

---

[2] Gentleman, A. I came to the UK and I was turned into a prostitute: Trafficked women share their horrific stories. *The Guardian*（Nov 3, 2014）より筆者要約。
[3] In Spain, women enslaved by a boom in brothel tourism. *The New York Times*（Apr 6, 2012）より筆者要約。

合条約を補足する人（とくに女性及び児童）の取引を防止し，抑止し及び処罰するための議定書」（以下，人身取引議定書）という国際条約が存在する。これをもとに，人身取引の定義は以下の三つに整理できる。

　第一は，人身取引の目的である。それには，強制労働，性的搾取，臓器摘出などのさまざまな搾取が上げられる。強制労働では，非常に劣悪な環境での労働を強いられる。労働者は無給で労働したり，長時間働かせられたりすることもある。メイドや子守などの家事労働だけでなく，製造業，農業，工場，鉱山，レストランなどのさまざまな産業において行われる。性的搾取では，旅券を取り上げられ，多額の渡航費を借金として負わされた子どもや女性が強制的に売春させられたり，結婚させられたりする。売春宿で売春させられる場合もあるが，マッサージ，スパ，ストリップ・クラブで性的奉仕を求められることもある。臓器摘出は，人身取引の被害者の臓器をブラックマーケットに売るために行われる。第二は，人身取引の手段である。暴力，脅迫，誘拐，詐欺，他人を支配下に置くことにより，人身取引を行う。第三は，人身取引の行為である。それには，捕獲，輸送，引き渡し，隠蔽，授受の行為が挙げられる[4]。

3　人身取引はどのような被害をもたらすのか

　このような人身取引は，実際にはどこで発生し，どのような規模で行われ，どのような被害をおよぼしているのだろうか。人身取引の件数や被害者数の確実なデータを示すことは難しいが，1年間に約245万人が被害者となり，そのうち約120万人が子どもであるといわれる（EC n.d.）。また，**国連薬物犯罪事務所（UNODC）**の調査によると，性別と年齢が判明した2010年から2012年までの犠牲者の数は，31,766人だった（UNODC 2014：29）。この情報は80か国から寄せられたものにすぎず，発見された人の数でしかない。実際には，発見されていない被害者が数多くいると推察される。

　それでは，どのような目的のために人身取引が行われているか。UNODCの統計によると，人身取引の被害者のうち，性的搾取の割合が最も高く53%であり，強制労働が40%，臓器摘出が0.8%だった。ヨーロッパと中央アジアに絞ると，性的

---

[4]　以下のURLよりダウンロードできる「人身取引議定書」条文の和訳版を参照のこと〈http://www.mofa.go.jp/mofaj/gaiko/treaty/treaty162_1.html（最終アクセス日：2016年11月24日）〉。

搾取の割合は 65%，強制労働の割合は 26% となり，とくに性的搾取の被害が大きいことがわかる（UNODC 2014：9）。

それでは，どのような人たちが人身取引の被害者となるのであろうか。被害者のうち 49% が成人女性であり，成人男性が 18%，女児が 21%，男児が 12% だった。しかし，ヨーロッパ・中央アジア地域では，被害者の 82% が成人であり，他の地域に比べて成人の犠牲者が多いことがわかる。また，人身取引の被害に遭った女性や女児の多くが性的搾取の被害に遭っている。その割合は 79% にも達しており，女性や女児が性的搾取に対して脆弱な立場に置かれていることもわかる（UNODC 2014：36）。

人身取引は全世界で国境を越えて行われているが，そのなかでも，被害者が行き着く最終地点のひとつがヨーロッパである。とくにロシア，ウクライナ，中央・東南ヨーロッパからの被害者が増加している。性的搾取の被害者に関しては，2014 年の欧州刑事警察機構（European Police Office，以下 Europol）の調査によると，中東欧諸国の EU 女性市民が最も多く，非 EU 諸国の犠牲者は，アルバニア，ブラジル，中国，ナイジェリア，ベトナムから連れてこられた人々が多かった（Europol 2016：4）。

4 人身取引はなぜ起きるのか

それでは，このような人身取引はなぜ発生してしまうのだろうか。ここでは，人身取引のプッシュ - プル要因に着目してみよう。プッシュ要因とは，人身取引の被害者が押し出されるように出身国を出国する要因のことである。例えば，被害者は，低賃金や失業などによってきわめて厳しい生活水準に置かれており，生存のために出国を余儀なくされることもある。また，被害者が性別，宗教，民族などを理由とした差別や不平等な状況に置かれていたり，人権侵害や武力紛争によって祖国を追われたりすることもある（Europol 2016：10）。

プル要因とは，人身取引の被害者を引き寄せる受け入れ国側の要因である。例えば，受け入れ国は生活水準が高く，性産業，家事労働，介護労働などの安い労働力を必要としている国であることも多い。こうした要因が少しでもましな生活を得たい，裕福で公正な社会に住みたいと願う貧困や差別で苦しんでいる人々を引き寄せるのである（Europol 2016：11）。

しかし，プッシュ要因とプル要因だけでは，人身取引は成立しない。それは，組

織犯罪集団が介在してはじめて可能となる。組織犯罪集団は，リスクやコスト，ベネフィットを計算して人間を取り引きする。逮捕されたり訴追されたりするおそれがあれば，リスクは高くなり，人間の収奪や移送にコストがかかるようであれば，人身取引は行われないかもしれない。しかし，人間の売買を通じて多額の報酬が上げられるので，リスクやコストの存在にもかかわらず人間の取り引きはなくならない。EU 域内での人身取引には，中国やナイジェリアの犯罪ネットワークや，ブルガリア，チェコ，ハンガリー，ルーマニア，スロバキアの犯罪集団も関与しているという（Europol 2016：12, 17-18）。

5 国際社会による対策

　以上のように，人身取引は国境を越えて行われており，一国では対処できない問題でもある。その被害は甚大かつ深刻であり，この問題を看過することはできない。それでは，国際社会やヨーロッパ諸国は，人身取引に対してどのような対策を講じてきたのであろうか。

■ 5-1　国際的な法制化の動き

　人身取引への取り締まりが進んだ背景には，国境を越えて暗躍する国際組織犯罪を取り締まり根絶させるという，国際社会共通の目的があったことが挙げられる（小島・原 2010：94-96）。この点については，1994 年 11 月にナポリで開かれた国際組織犯罪世界閣僚会議において行動計画が採択され，国際組織犯罪撲滅という共通の目的が確認された。そして 1996 年 12 月以降，組織犯罪に対抗する国際条約の枠組み作りが進展し，2000 年に国際組織犯罪防止条約，および人身取引議定書が採択されるに至った。人身取引は人権問題としてではなく，国際組織犯罪の一部として危機認識が共有され，その対策を議論されるようになった。そのため，人身取引議定書では，加害者処罰を念頭に人身取引行為を「犯罪化」し，被害者救済の両方を持ち合わせる条約となったのである[5]。

---

[5] 20 世紀以降の法制化の動きは，中川（2004：3-4），小島・原（2010：94-96），米田（2005：47-49）を参照。

5-2 国際的な反人身取引ネットワークの構築

条約のみならず，反人身取引運動をグローバル展開していくために，国際社会は国連をはじめとする国際機関，NGOなどと連携して対処している。例えば，2007年3月，「人身取引と闘う国連グローバル・イニシアティブ」(UN.GIFT)が発足した。これは，政府，企業，学識者，市民社会，メディアといったあらゆる利害関係者と連携して，知識・認識を高め，技術援助や国家・非国家主体の能力を育成し，さらに相互の活動支援を図るというものである。これにより，新たなパートナーシップの構築を目指しながら，効果的な人身取引対策の手段が探られている[6]。

5-3 国際的な人身取引被害者のための支援金

国連総会は，2011年に人身取引のための国連任意信託基金を設置し，UNODCによる運営のもと，年間2,000人の被害者に避難所，公共医療サービス，職業訓練，学校教育，法的・経済的支援を援助している。また，NGOに予算を支出して支援している[7]。

5-4 EUにおける対策

次に，ヨーロッパ地域の地域機構である欧州連合（EU）における対策である。EUは，人身取引の主要な最終目的地域でもあることから，人身取引をめぐって積極的に対処してきた。EUでは1995年の世界女性会議以降，多くのNGOが反人身取引活動を展開していった。1996年6月にはEUにおいて「ウィーン会議」が開催され，EUの人身取引対策として「ストップ・プログラム」(Stop Programme)が打ち出された。このプログラムは1996年から約4年間の取り組みとして，加盟国の裁判官，検察官，警察官，出入国管理官，NGO関係者などを対象とした情報交換，連携強化，調査研究を実施した。その資金援助に4年間で650万ユーロの予算が投じられている。

また，子ども・女性・若者に対する暴力を撲滅するための国境を越えた協力枠組みの構築を強化することを目的とした，ダフネ・プログラム（Daphne Programme）とよばれる新しい取り組みも実施された。ダフネでは，1997年から2013年まで4

---

[6] UN.GIFTについては以下を参照〈http://www.ungift.org/knowledgehub/en/about/index.html （最終アクセス日：2016年11月24日）〉．
[7] UNODC, Human Trafficking Fund〈http://www.unodc.org/unodc/human-trafficking-fund.html （最終アクセス日：2016年12月14日）〉

段階に分けてプログラムが展開された。1年間に約1,500万ユーロもの膨大な予算が提供され、プログラムに応募できるEU加盟国などの自治体や大学、NGOのプロジェクト活動を支えてきた[8]。このダフネ・プログラムは、Rights, Equality and Citizenship Programmeの一部として2014年から2020年の期間も継続されている[9]。

また、Europolは、EUの反人身取引ネットワークを支える組織のひとつであり、各国の警察当局と協力しながらヨーロッパ全域で調査や摘発を行っている。例えば2016年6月にはEuropol指導のもと、EU全域で人身取引の取り調べがなされ、加害者の検挙と被害者保護に繋がっている。

6 おわりに

グローバル化は、国境を越える移動を自由にできる人を増やしたが、強制されて国境を越えさせられる人も増やした。グローバル化によってより豊かで便利な生活を手に入れることができた人々の影に、より過酷で不安定な人生を強いられることになった人々がいる。グローバル化によって、「グローバル化の光があたるところにいる人々ばかりではなく、影に入る人々も少なからず増え、光と影にいる人々の格差が拡大した」（福島 2010：24）のである。これまで概観してきたように、人身取引は人が人を「商品」として扱い、搾取し、利益を貪る犯罪である。そこでは被害者の経済的、社会的に脆弱な立場を利用して支配し、より劣悪な環境下で搾取し、被害者が元の生活を取り戻すことを許さない。しかもこれは一部の国・地域だけの問題ではないのである。グローバル化がもたらした「影」は、すでに世界中を覆っている。上述した国際的な犯罪組織だけでなく、テロリストによる被害者の拉致、人身取引も横行しており、人身取引の加害者と被害者の接点がさらに増幅しているように見受けられる。

また、これまでみてきた国際社会やヨーロッパ地域の取り組みは、国際機関や政

---

8) 一連のDaphne programmeを概観できるものとして、〈http://ec.europa.eu/justice/grants/results/daphne-toolkit/（最終アクセス日：2016年11月24日）〉。また、同プログラムの詳細は、第4段階のダフネ・プログラム（2007–2013年）について記載のある下記のURLを参照〈http://ec.europa.eu/justice/grants1/programmes-2007-2013/daphne/index_en.htm（最終アクセス日：2016年11月24日）〉。

9) Rights, Equality and Citizenship Programmeについては以下を参照〈http://ec.europa.eu/justice/grants1/programmes-2014-2020/rec/index_en.htm（最終アクセス日：2016年11月24日）〉。

府のみならず，市民社会にその協力を求め，広く社会への啓発も促している。つまり，人身取引は国際機構や国家警察，入国管理などによる対策のみならず，我々市民社会が問題に関心をもち，理解し，その発生要因のひとつである宗教や性別，人種などへの差別をなくしていく必要がある。

【引用・参考文献】

小島　優・原由利子（2010）．『世界中から人身売買がなくならないのはなぜ？―子どもからおとなまで売り買いされているという真実』合同出版

中川かおり（2004）．「人身取引に関する国際条約と我が国の法制度の現状（総論）」『外国の立法―立法情報・翻訳・解説』220, 3-12.

中村文子（2012）．「地域的な人権ガヴァナンスの一考察―国際人身売買の問題を中心に」大西仁・吉原直樹監修，李善姫・中村文子・菱山宏輔［編］『移動の時代を生きる―人・権力・コミュニティ』東信堂, pp.151-175.

羽場久美子（2010）．「グローバリゼーションとトラフィッキング―EU・日本に見る実態と戦略」『年報政治学』61(2), 174-193.

福島安紀子（2010）．『人間の安全保障―グローバル化する多様な脅威と政策フレームワーク』千倉書房

フリードマン, T. L.／東江一紀・服部清美［訳］（2000）．『レクサスとオリーブの木―グローバリゼーションの正体　上・下』草思社

米田眞澄（2005）．「人権を最優先に人身売買の根絶策を―人身売買禁止議定書と人権高等弁務官ガイドラインについて」反差別国際運動日本委員会［編］『グローバル化の中の人身売買―その撤廃に向けて』解放出版社, pp.47-56.

European Commission (n.d.). *Together against trafficking in human beings* 〈https://ec.europa.eu/anti-trafficking/citizens-corner/trafficking-explained_en（最終アクセス日：2017年1月8日）〉

Europol (2016). *Situation report: Trafficking in human beings in the EU* 〈https://www.europol.europa.eu/sites/default/files/publications/thb_situational_report_-_europol.pdf（最終アクセス日：2016年6月30日）〉

United Nations (2014). *Global Report on Trafficking in Persons*. New York: United Nations.

United Nations Office on Drugs and Crime (UNODC) (2014). *Global report on trafficking in persons 2014*（United Nations publication, Sales No. E.14.V.10）.

【関連文献】

アムネスティ・インターナショナル日本［編著］（2008）．『子どもの人身売買―売られる子どもたち』リブリオ出版

バットストーン, D.／山岡万里子［訳］（2010）．『告発・現代の人身売買―奴隷にされる女性と子ども』朝日新聞出版

【映画紹介】

ラリーサ・コンドラキ［監督］（2010年，カナダ・ドイツ）
『トゥルース―闇の告発』［111分］

ボスニア内戦（1992-1995）に関連する実話をもとに作られた映画。内戦後の治安維持活動のために派遣されていたはずの国連関係者や民間軍事会社の職員たちが，貧しい少女たちの人身取引にさまざまな形で加担し，アメリカ人女性警察官がそれを告発する。国連が一丸となって人身取引を規制しようとするなか，一部の国連職員がそれに消極的な態度をとっていることを問題視した映画である。
(DVD販売元：アメイジングD.C.)

Chapter 12
ローカルに利用される資源のグローバルな価値

バングラデシュの森林消失と農民の生活

坂本麻衣子

　資源の持続可能性が厳しく問われるようになりました。グローバル化によりモノの移動が容易になった現代では，日々利用するささいな物も，多くが海外で生産され，私たちの生活は他の国の資源に大きく依存しています。森林は，木材や非木材生産物を提供し，開発途上国では住民が生計を得る大切な資源です。また，生物多様性や環境を保持するうえで，グローバルにおいても貴重な資源です。最近になって，地球温暖化の原因となる温室効果ガスの抑制に対し，森林保全の効果が益々期待されており，その重要性が高まってきています。

　本章では，森林保全の取り組みの変遷と，地球温暖化問題の解決のための手立てとして位置づけられるようになった開発途上国での森林保全の取り組みについて眺め，また，資源管理の理論面からも取り組みの意味を理解します。そして，南アジアのバングラデシュを事例に，実際の人々の生活と理論的側面から，開発途上国における森林保全の取り組みが抱える問題の構造を理解します。

キンマの栽培施設（背後の森から切り出した木や萱で造られている）（2014年，著者撮影）

1 はじめに

　温室効果ガスの排出削減や生物多様性の保全は，改善へ向けた早急な国際的な取り組みが必要な課題である。**温暖化や希少種の絶滅**は，ひとたび起こってしまえば取り返すことが困難あるいは取り返しのつかない結果をもたらす。温室効果ガスの排出量は，1970年頃から2005年までで，約2倍となった。このうち，OECD加盟国およびBRIICSを除く国の排出量は，1970年頃には全体の20％，2000年に21.5％，2005年には26％を占めるようになり，とくに2000年から2005年にかけて顕著な増加傾向を示した（OECD 2012）。開発途上国からの温室効果ガス排出は今後さらに増加することが予想される。これに対して，1997年に採択された京都議定書では，温室効果ガスの排出量削減のため，先進国に開発途上国への積極的な関与を促す仕組みが導入された。これは，**クリーン開発メカニズム**（CDM：Clean Development Mechanism）とよばれ，先進国が開発途上国に技術・資金などの支援を行って温室効果ガス排出量を削減するなどにより抑制に成功した排出量を，自国の削減分の一部とすることができる制度である。そして，2015年に国連気候変動枠組条約第21回締約国会議（COP21）で採択された**パリ協定**では，開発途上国の森林減少・劣化によって増加した排出に対し，今後の**森林保護**により抑制できた排出量に応じて開発途上国に資金が支払われるという枠組みが合意された。温室効果ガス排出削減への森林の貢献と開発途上国における森林保護の重要性がよりはっきりと確認されたことにより，国際社会としての取り組みが前進しつつある。

　このように，開発途上国での森林伐採の進行は，現地の生態系を破壊するだけではなく，世界規模での環境問題につながっている。一方で，森林破壊は決して新しい問題ではない。これまで，開発途上国でも森林保護や森林回復のために多くの国際協力プロジェクトが実施されてきた。そうでありながらも，パリ協定のなかで開発途上国の森林保護に関する条項が含まれたのは，これまでの取り組みが必ずしも充分な成果をもたらしてこなかったからともいえよう。本章では，南アジアのバングラデシュにおける森林消失の問題を事例に，国際社会として取り組むべき森林保全という課題について，開発途上国の実際の現場では何が起こっているのか，森林を取り囲む社会・経済・環境の構造を理解し，より広い視座で資源の問題を考える。

2 森林保全をめぐるグローバル化

　森を守るという営みは古くから行われてきた。しかし，人口が増加し，森林資源に対する社会の需要が高まると，単に人為活動を締め出すという森林保護の方法では立ち行かなくなった。政府の規制などによる公的なやり方では現地の人々の慣習的な権利や使用への配慮がなされないという指摘や，政府の歳入減少に伴う地方分権化の推進，また，開発途上国における現場での役人の管理能力不足の問題などから，現地で生活をする人に森林の管理を任せ，資源としても利用するという方向に考え方が移行していく。このコミュニティ・フォレストとよばれる森林管理の形態は，決して新しいものではないが，国際協力の舞台に登場したのは1970年代後半頃からだった。当初は植林事業が主なもので，徐々に既存の森林の保全も含まれ出し，1990年代には，貧困削減も含めた持続可能な生計を提供するための枠組みへと広がっていく。この展開は，1980年のWorld Conservation Strategyで示された持続可能な発展に寄与する自然管理の流れをくむものであり，ここで提唱された理念は後の2000年に採択されたミレニアム開発目標（MDGs），2015年に採択された持続可能な開発（SDGs）につながるものであった（Sam & Shepherd 2011）。

　一方，地球温暖化における温室効果ガス排出への対応策として，開発途上国の森林保全が注目され始め，2005年にはCOP11においてREDD（Reducing Emissions from Deforestation and forest Degradation）という開発途上国における森林減少・劣化に由来する排出の削減の仕組みが提案された。これは，森林を保護・回復した開発途上国は，先進国から資金を受け取ることができるという仕組みである。その後，森林破壊や劣化を抑制することに着目するだけではなく，持続可能な管理，CO_2吸収量の増加や，生態系機能の向上なども含めた取り組みがREDD+として提唱された。2015年には，パリ協定のなかでREDD+の実施と支援を奨励する条項が設けられ，2020年以降の気候変動対策の枠組みにも明確に位置づけられた。こうして開発途上国における森林保全は，現地の自然資源・生態系の保護の取り組みから貧困削減の仕組みへと広がり，持続可能性という理念を含んで，今や世界の環境保護の手段として位置づけられるようになった。

3 資源管理をめぐる議論

　森林は資源である。資源はコモンズである。コモンズとは，皆が広く利用できる

共有財である。資源管理の分野では，以前からこのコモンズという考え方が研究者の興味を惹いてきた。最も古典的な研究として，1968年に生物学者のハーディンが発表した「共有地の悲劇」がある（Hardin 1968）。これは次のような現象を理論的に説明するものである。農民が放牧地に牛を放牧しようとしているとする。この放牧地はだれにでも開かれている共有地である。できるだけたくさん放牧して育てた方が儲かることは間違いない。しかし，その共有地を利用する農民全員が皆好きなだけ放牧したらどうなるだろうか。共有地の草は根こそぎ食べつくされ，その翌年からしばらくはあまり草が生えず，放牧しても牛は十分に育たなくなってしまうだろう。個人が自分の合理性だけで，すなわち自分の利益を最大にすることだけを考えて行動すれば，共有地を利用していた農民全員に悲劇が起こることになる。したがって，コモンズの管理には政府などの公的な機関が介入する必要がある，というのが共有地の悲劇を例としたハーディンの主張だった。結局のところ，個人は自分の利益に忠実に行動する存在であるということが前提とされている。

　一方で，共有地がだれに対してもオープンなものではなく，特定の複数の個人が利用するような場合，ローカル・コモンズとよばれ，そこから生まれる利益が構成員に配分され，お互いに監視ができるような状態にあれば，必ずしも共有地の悲劇は起こらないと経済学者のオストロムは主張した（Ostrom 1990）。つまり，お互いが顔を知っているようなコミュニティで，共有資源を勝手に利用したりするようなことをすれば村八分にあって痛い目を見るので，そのコミュニティに居続けたいと思うのならば，だれもが行儀よく振る舞うだろうという話である。オストロムはフィールドワークなどにより，実際の事例を数多く調べ，コミュニティで自主管理が実現する条件を提示している。オストロムは，この研究成果により2009年にノーベル経済学賞を受賞した。

　一方で，これまで歴史的な経緯のもとで実現してきた協力行動を説明することと，実際に協力行動を生むための仕組みを提案することには大きな隔たりがある。とくに外部の人間が国際協力として行うような事業の場合，現地の生活・文化・人間関係などが完全にわかるはずもなく，また，いずれは立ち去る外部の人間を騙そうという気持ちが現地の人間に生まれるのも物の道理で（これこそ，人間がもつ合理性とよばれるものだ），コミュニティの自己組織化を外部からの支援で行うことはかなり難しい。森林保全の取り組みは，前節で概観したように，政府による規制からコミュニティ・フォレストによるコミュニティ管理，そして政府とコミュニティのパートナーシップの成熟による管理へと進んできているわけだが，理論的な面から

も制度や政策の成り立ちを理解することで，森林保全の歩みの意味がよりよく理解できるだろう。

4　バングラデシュとは

　バングラデシュは南アジアに位置し，国土は日本の約40％に当たる14万7,000km²[1]，人口は1億6,100万人[2]，一人当たりの購買力平価GDPは3,550ドルで，世界で第173位である[3]。2010年からは経済成長率が毎年6％を超え[2]，目覚ましい経済成長を遂げているが，それでも貧困削減はいまだ同国の最重要課題である。森林の状態については，1990年から2010年まで南アジア・東南アジアでは森林領域が一貫して減少傾向にあり，バングラデシュでも同様の傾向を示している（国際連合食糧農業機構 2010）。同国における森林保全の取り組みとしては，1982年にアジア開発銀行の支援で開始されたプロジェクトを皮切りに，その後は世界銀行の支援などにより継続的に実施されてきている。バングラデシュの国土面積は大きくはないため，国際的な問題としての森林回復に対する貢献は小さなものではあるが，開発途上国における森林と人々の生活，森林保全の取り組みに対する人々の反応という点では他の国と共通するものがあると考えられるため，ここで事例として取り上げる。

　バングラデシュにおける住民参加型の森林管理の取り組みは，ソーシャル・フォレスト・プログラムというもので，ソーシャル・フォレストとよばれる保護領域を設定し，そこで木を育てたのちにそれを売り，コミュニティで収益を分け合うというものである。住民は植林した木が十分に育つまでの10年間は，木を切ってはいけないことになっている。コミュニティで基金を立ち上げ，木を売って得た利益の一部はこの基金の資金となり，10年後に新たに植林する際は，必要費用の半分をコミュニティの基金から，残りをプロジェクト資金から供出することになっている。まさに森林をローカル・コモンズ化するための実践的取り組みである。

---

[1] バングラデシュ政府の発表をもとにした日本外務省の公式データより〈http://www.mofa.go.jp/mofaj/area/bangladesh/data.html（最終アクセス日：2016年8月30日）〉。
[2] 2015年。世界銀行調べ〈http://data.worldbank.org/country/bangladesh（最終アクセス日：2016年8月30日）〉。
[3] 2015年。世界銀行調べ〈http://data.worldbank.org/data-catalog/GNI-per-capita-Atlas-and-PPP-table（最終アクセス日：2016年8月30日）〉。

しかしながら，次の節で紹介する調査地域では，2013年までにソーシャル・フォレストのおよそ70.3%は10年よりも早く木が刈られていた（Asahiro et al. 2014）。早期に伐採してしまうと木が十分育っていないため，本来10年経って得られるよりも少ない利益しか得られず，また，コミュニティの基金への入金もないため，その後，再び得られたであろうソーシャル・フォレストからの収益も損なわれてしまう可能性が高い。このように，管理組織が弱い場合，特定の個人や集団が短期的な自己の利益を目的に行動し，結局全体として得られる利益が下がってしまうというのは，前の節で述べた共有地の悲劇の構図に他ならない。理論上，管理組織の統制があれば資源は適切に利用されることはわかっても，それを開発途上国でうまく機能させるのは決して簡単なことではない。この理由としては，責任を共有することへの住民の意欲の低さや，制度や規制に関する理解不足，そして住民の管理組織に対する支援不足などが挙げられる。それに加え問題なのは，開発途上国ではよくあることなのだが，政府機関や管理組織が賄賂を目的に，伐採を許してしまうということも横行する。

5 森林消失の社会・経済・環境の構造

バングラデシュのテクナフ半島は，バングラデシュのなかでも森林消失の深刻な地域である。森林状態を回復することは，地域にとってさまざまな利益となるばかりではなく，世界的な環境問題への対策としても重要であることはこれまでにみてきた通りである。図12-1に示す調査対象地域は，バングラデシュ南東のテクナフ半島に位置し，森林保護区域はテクナフ野生生物保護区とよばれ，1983年に指定された。総面積は11,615haあり，図12-1からもわかるようにテクナフ半島（Teknaf Peninsula）を広範囲にわたって覆っている。野生生物保護区内での居住や農業などの経済活動は禁じられているが，一部の領域にはほとんど木はない状態で，例えばあるひとつの村では，住民のうち，およそ半分は野生生物保護区内に居住している（Tani et al. 2014）。調査は，図12-1に示される半島の西海岸に位置するM村というところで行った。前節で述べたように，この地域では森林保全への取り組みに対して十分な効果は得られていない。今後の対策を検討するうえでは，だれが，何のために，森林資源を利用しているのかを明らかにする必要がある。このため，住民の生活行動や意識などについて調査を行った。

ソーシャル・フォレストは森林を回復させる取り組みであるが，そもそもこの

Chapter 12 ローカルに利用される資源のグローバルな価値

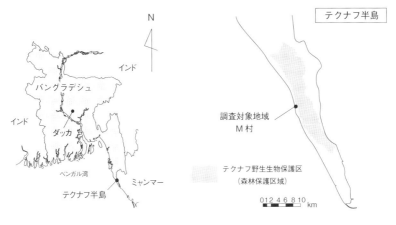

図12-1 対象地域

地域で森林資源が枯渇してきた原因は何だろうか。住民の薪の採取，森林への居住地の侵入，換金作物であるキンマの栽培，そして森林伐採などがある。気候変動の可能性もあるだろう。ここでは，キンマ栽培というものに着目して話を進める。キンマとは，コショウ科のつる植物である。南アジアや東南アジアには，このキンマの葉でビンロウジの実を包み，ガムのように時間をかけて嚙んで味わう「キンマ嚙み」という習慣がある。キンマに含まれる成分のため常習性があるともいわれており，キンマの葉は嗜好品として需要が高く，このため生産地の周辺地域だけでなく都市部にも出荷される換金作物となる。その葉の柔らかさを保ち，苦味を抑えるため，良質のキンマ栽培には遮光栽培施設が必要で，木材，萱などの森林資源で建設される。この遮光栽培施設は毎年つくり直され，その材料は周辺の森林の木を伐採して使用するので，これが森林消失に無視できない影響を与えている。

換金作物とは，自給用ではなく市場で売るための作物のことである。これまで，バングラデシュでは，農家は主に米のみの単作を行うことが多かったが，政府の農業部門やNGOの支援により，唐辛子・ジャガイモ・辛子・トマトなどの換金作物と組み合わせる多毛作が普及していった。そうした換金作物のなかでも市場価値の高いキンマは好んで栽培される作物のひとつである。調査を行ったM村でも多くの住民がキンマ栽培を行っており，2014年に調査した際には，調査対象144世帯のうち，82世帯がキンマ栽培を行っていた。キンマ栽培の有無と，キンマ栽培を開始した時期についての回答の傾向で世帯をグループ分けし，収入をまとめたもの

表12-1 キンマ栽培年数ごとのM村の農家の平均世帯年収(2014年時点)

	26年以上前から栽培している農家	16-25年前から栽培している農家	1-15年前から栽培している農家	栽培していない農家
農家の数	28	28	26	62
平均収入*	210,680	216,124	96,466	151,811
標準偏差(バラつき)	202,324	179,553	93,986	148,839

*日本円に換算した数値を表している。

を表12-1に示す。グループの収入の平均は，統計的に有意に異なり，とくに2014年の時点で15年以内にキンマ栽培を始めたと答えたグループの収入だけが，他のグループに比べて低いことがわかった。この理由は，いったいなぜだろうか。

この理由として，キンマ栽培に必要な遮光施設の建設に利用する木材や萱は，かつては近隣の森林で入手すれば良く，おそらく全てタダで手に入ったわけだが，森林資源が枯渇してきたことにより，市場でも購入しなければならなくなり，この追加的な費用の分だけ，それほど身入りの良いビジネスではなくなってきたのではないかと考察した。衛星画像を用いた分析では，ちょうど2000年前後に顕著に森林の状態が悪くなっていることが確認できた(詳細は坂本他(2013)参照)。これらのことから，森林資源の枯渇が農民のキンマ栽培の収益に影響を与えていること，また逆に，キンマ栽培を行う農民が遮光施設建設のために近隣の森林資源に依存していたことが推測できる。2010年にも同じ世帯を対象に調査を行ったのだが，やはり，表12-1に示すと同じ近年栽培を開始したグループの収入だけ有意に低く，さらに2014年において収入の差は拡大していた。

キンマは，害虫や病気の影響を強く受け，栽培リスクの高い作物といわれている。また，一般に貧しい農民ほどリスクを嫌い，新しい作物に進んで手を出さないといわれている。おそらく，初めにそこそこ裕福な農民が栽培を始め，その成功を目の当たりにし，また，市場が拡大し，都市部や海外の市場と繋がることでキンマの価格が上昇し，貧しい農民も栽培を始めたのではないだろうか。実際に，キンマの国内価格，輸出価格とも近年上昇し続けている。一方で，リスクが大きい作物を栽培するということは，ある種のギャンブルでもある。経済的に余裕があれば，失敗した年があってもショックを吸収できるが，貧しい農民の場合はどうだろうか。

表12-1のグループごとに，キンマ栽培への収入の依存割合(キンマ栽培の収入

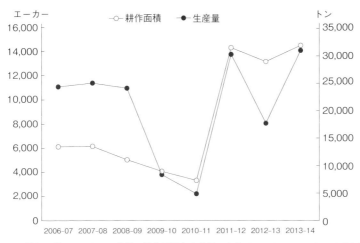

図 12-2　対象地域周辺のキンマ栽培の耕作面積と生産量の変化（BBS（2013；2016）より著者作成）

／総収入）の平均を調べたところ，26年以上前からキンマを栽培している農家は55％，16-25年前のあいだにキンマ栽培を始めた農家は40％，1-15年前のあいだにキンマ栽培を始めた農家はは64％と，近年栽培を始めたグループ，すなわち最も貧しい農民グループは，キンマ栽培への依存度が最も高かった。

　図12-2に対象地域周辺のキンマ栽培の耕作面積と生産量の変化を示す。これより，キンマ栽培の耕作面積が拡大している一方で，生産量は伸びておらず，その変動が激しいことがわかる。この理由については，気候変動による気温や降水量の変化，サイクロンの襲来の頻発などが考えられるが，明らかではない。このような激しい変動は貧しい農民にはとても厳しいものだろう。失敗した年の損失を補うため，借金をしてでも翌年もキンマ栽培を行う，ということが繰り返されているとしたら，どうだろう。最も貧しい世帯グループのキンマ栽培への依存が高く，その収入差が拡大しているということのひとつの可能な説明であるように思われる。そして，遮光施設建設のため，近隣の森林からではなく市場で木材や萱を入手するにしても，地域のどこかの森林から得られたものであり，キンマ栽培を続ける限りは森林資源を圧迫する。以上から，開発途上国における森林資源は，だれが，何のために利用しているのか——貧しい人が，生きるために伐採せざるを得ないという実態もあるということを，理解してもらえたものと思う。

6 おわりに

　本章では，森林保全への取り組みの変遷を概観し，国際的な気候変動への対応が開発途上国の森林保全と，どのようなつながりをもつかを示した。また，開発途上国での森林保全における，実践的側面と理論的側面での難しさをみた。その一例として，バングラデシュのテクナフ半島でなぜ森林消失が起こっているのか，その原因のひとつを，貧しい農民の栽培作物の選択という観点から眺めた。

　グローバリゼーションによる市場の拡大によって，生産量や価格の変動など，開発途上国の農民であっても国際市場の動向にさまざまに影響を受ける時代となった。ビジネスチャンスが増えたともいえるかもしれない。しかし，多くの場合，同時にリスクも増えるものである。作物や財によってそのリスクの質や大きさは異なる。そして，貧しいほどリスクが損失として発現した際のショックを吸収することができない。開発途上国の農村部の場合，多くの住民の職業は農業であり，都市部のように日雇いの仕事を見つけることは簡単ではなく，また，多くの農民の教育レベルは低いため，新たな職を探すためのハードルは高い。彼らが確実に利用できる資産といえば近隣の自然資源くらいである。今や資源は，森林資源にしろ，水資源にしろ，石油資源にしろ，その持続可能性を問われ，資源の保全は国際的な課題となっている。一方で，資源は人々の日々の生活のために利用されるものである。資源保全のためにただやみくもに人為的利用を排除すれば，人々の生活に影響を与え，とくに貧しい人から生計を奪うことにもなりかねない。鳥の目，蟻の目というが，そのような視座でグローバル‐ローカルに資源の問題を考えられることが，資源の価値をより良く理解し，管理の方法を検討するうえで重要である。

【引用・参考文献】

国際連合食糧農業機構（Food and Agriculture Organization of the United Nations）（2010）. *Global forest resources assessment 2010*. Food and Agriculture Organization of the United Nations.〈http://www.fao.org/forestry/fra/fra2010/en/（最終アクセス日：2016年11月25日）〉

坂本麻衣子・谷　正和・森山雅雄（2013）.「社会調査と衛星画像解析の補完的利用によるバングラデシュ・テクナフ半島の森林消失要因の分析」『環境情報科学学術研究論文集』27, 79-84.

Asahiro, K., Nakagaki, A., Rahman, M. A., & Tani, M. (2014). Current conditions of

Chapter 12 ローカルに利用される資源のグローバルな価値

social forests in Teknaf and Shilkhali ranges of Bangladesh. *Proceedings of 5th International Conference on Environmental Aspects of Bangladesh.* 63–66.

BBS (Bangladesh Bureau of Statistics). (2013). *Yearbook of Agricultural Statistics-2011.* Government of the People's Republic of Bangladesh.

BBS (Bangladesh Bureau of Statistics). (2016). *Yearbook of Agricultural Statistics-2014.* Government of the People's Republic of Bangladesh.

Hardin, G. (1968). The tragedy of the commons. *Science,* 162(3859), 1243–1248.

OECD (2012). *Environmental outlook to 2050: The consequences of inaction.* OECD publishing. 〈http://www.oecd.org/environment/indicators-modelling-outlooks/oecd-environmental-outlook-1999155x.htm (最終アクセス日:2016年11月25日)〉

Ostrom, E. (1990). *Governing the commons: The evolution of institutions for collective action.* New York: Cambridge University Press.

Sam, T., & Shepherd, G. (2011). Community forest management. Background Paper for: The United Nations Forum on Forests Secretariat. *UNFF9: Forests for people, livelihoods and poverty eradication.* International Union for Conservation of Nature and Natural Resources.

Tani, M., Rahman, Z., Moslehuddin, A. Z., & Tsuruta, H. (2014). Characterization of Dwellers as a Major Agent of Deforestationin a Reserved Forest in Bangladesh. *International Journal of Environment,* 4(2), 25–30.

【関連文献】

環境省 (2016).『平成28年版 環境白書・環型社会白書・生物多様性白書——地球温暖化対策の新たなステージ』〈http://www.env.go.jp/policy/hakusyo/h28/pdf.html (最終アクセス日:2016年11月25日)〉

宮内泰介・矢野晋吾・菅 豊・近藤隆二郎・藤村美穂・関 礼子・箕浦一哉・赤嶺 淳・金菱 清・荒川 康 (2006).『コモンズをささえるしくみ——レジティマシーの環境社会学』新曜社

【映画紹介】

スティーブン・ソダーバーグ [監督] (2000年, アメリカ)
『エリン・ブロコビッチ』[131分]

アメリカ社会で弱者の典型のような女性が、公害問題を引き起こした大手企業を訴え、史上最大額ともいわれる賠償金を勝ち取った1993年の実話を映画化した作品。
(DVD販売元:ソニー・ピクチャーズエンタテインメント)

Chapter 13

紛争のグローバル化

アフリカの事例から

杉木明子

　かつて戦争は，国と国のあいだで戦われたものでした。しかし，今日の「新しい戦争」では，戦争の主体はもはや国家ではなくなりました。そしてまたどの紛争や武力闘争も，今日では国境を越えた政治経済，また資源や武器のやりとりに影響を受けていないものはありません。グローバル化は，普遍的な言語も，文化や価値観の同質化も，国境にかかわりのない平等な市民権も生み出してはきませんでした。むしろ，トランスナショナルな相互依存関係の強化は，地域や人々のあいだの経済的・社会的な格差を拡大し，その格差を背景とした多様な価値観をもつ人々のあいだの摩擦を生みました。国境を越えた武器や対立の移動をもたらし，紛争や武力闘争を生んだり拡大したりするのです。本章では，「新しい戦争」とはなにか，アフリカにおける国内紛争の事例をもとにみていきましょう。

内戦中のコンゴで反政府勢力との戦闘のため配備された政府軍の兵士たち
(2013年，ゴマ近郊（コンゴ）©MONUSCO/Clara Padovan)

1 はじめに

　世界各地で武力紛争は絶えず発生し，多くの人々が紛争の犠牲となってきた。第二次世界大戦後，国家間の武力紛争は大幅に減少したが，国内紛争が増え続けている。メアリー・カルドーは，冷戦終焉後に発生した国内紛争を「新しい戦争」とよび，従来の国家間の戦争とは異なる特徴をもつと主張する。「新しい戦争」では，紛争の主体は武装組織，民兵，傭兵集団などの非政府戦闘集団であり，民族，宗教，言語など特定のアイデンティティにもとづく権力の追求が行われ，虐待，レイプ，拷問などの残虐な手段が戦闘で用いられる。異なるアイデンティティや意見をもつ人が排除され，犠牲者の9割以上が民間人である（カルドー 2003）。

　このような国内紛争はローカルまたはナショナルなレベルに限定された紛争ではない。紛争当事者である政府や武装集団は，国内外のさまざまな主体と連携や協力関係を形成して国内紛争に関与しており，その意味では国内紛争はトランスナショナル化している。例えば民族的紐帯によって結ばれた武装集団が複数の国に拠点を設け，武装闘争を行ったり，他国の武装組織が隣国の紛争に介入している。また，アル・カーイダや「イスラーム国」などが掲げる過激思想に共鳴する集団や個人が，テロリズム（以下，テロ）や武力攻撃を行うケースもみられる。国内紛争がトランスナショナル化することは，紛争解決をより困難にさせるとともに，新たな取り組みが必要であることを示唆している。本章では，アフリカの事例から国内紛争の実態を考察し，今後の方策を検討していきたい。

2 国内紛争の現状

　まず世界における武力紛争の実態を把握するために，ウプサラ大学のウプサラ紛争データ・プログラム（UCDP）をみてみよう[1]。全体的な傾向として，1946年から2014年までの期間に，すでに国家間紛争は大幅に減少し，2014年に発生した武力紛争のうち，1件のみが国家間紛争で，国内紛争39件のうち13件は，1か国以上の国が武装組織を支援している国際化された国内紛争だった（Pettersson & Wallensteen 2015：537）。さらに2000年代前半以降，テロリズム（以下，テロ）と

---

1) UCDPでは年間の犠牲者数が25人以上で，紛争当事者の一方が政府である場合に発生した戦闘を武力紛争と定義しているため，これに合致しない戦闘は紛争とカウントされないという問題はあるが，武力紛争の動向を知るうえでは有用である。

よばれる暴力行為が増えてきている[2]。メリーランド大学のグローバル・テロリズム・データベース（GTD）によると，1989年から2014年までのあいだでは，テロは2004年以降増加し，2008年から2011年にかけて横ばい状態だったが，2011年以降急増している（START 2009-2016）。

過去15年間（1989-2014年）で，アフリカは世界のなかで最も多くの武力紛争が発生した地域である（Malender 2015）。とくに1990年代前半に国内紛争が急増し，多くの人々が紛争の犠牲になった。だが，アフリカにおける強度別紛争勃発件数の推移をみてみると，低強度の紛争件数はあまり変化がないが，強度の紛争は1990年代末以降に減少傾向がみられ，2000年代のアフリカでは，戦闘による死者数も民間人の暴力による犠牲者数も減少している（Straus 2012）。他方，近年アフリカでは急進的な政治原理を掲げる武装組織によるテロが増加傾向にあり，2014年以降，アフリカではテロが増加し，世界のテロによる犠牲者の3分の1がアフリカ人である（GTD 2015）。

3 国内紛争をめぐる議論

3-1 なぜ国内紛争が起きるのか

国内紛争は自動的に発生するわけではない。多くの多民族・多文化国家ではさまざまな集団が平和的に共存している。紛争の発生に関する多様な先行研究では国内紛争が発生し，拡大し，継続するには，ある種のメカニズムがあると考えられ，一般的に紛争の発生過程は「根本的要因」「引き金要因」「継続要因」などの要因から説明されている（山田 2005：44-45）。「根本的要因」とは，国家に住むさまざまな人々を対立させる問題群で，構造，政治，経済・社会，文化・認識の四つの要因群である。「構造的要因」は国家の脆弱性，国内の安全保障上の懸念，国内の集団的居住分布など国家の構造に関わる要因である。「政治的要因」は，差別的な政治制度，排他的な国民イデオロギー，集団間の政治，エリート政治などの国家の統治に関する問題である。「経済・社会的要因」は差別的な経済システム，経済発展と貧困問題，資源の略奪などが含まれる。「文化・認識的要因」は，文化的差別，集

---

[2] テロリズムに関する定義は多様である。メリーランド大学のGTDはテロリズムを「政治的，経済的，宗教的，社会的目的を恐怖，強制，威嚇を通して実現するために非政府主体が不当な武力や暴力を行使することを脅迫すること，又は実際に行使すること」と定義している（START 2009-2016）。

団間の対立的な歴史，集団関係の悪化が該当する。「引き金要因」は，国家における分裂や対立を紛争へ転化する直接の契機となる事件で，例えば有力政治家の暗殺，周辺諸国の介入などである。「継続要因」は紛争を長期化させる原因である。

　ここで留意しておきたいのは，実際の紛争は多様な要因が絡み合って発生していることである。武力紛争を理解するための紛争の類型化，理論化は理念的に整理されたものにすぎない。紛争の発生要因を単純化することは，紛争を適切に把握することを阻む可能性がある。例えば，国内紛争の原因に関する議論としては，「貪欲－不満」（Greed or Grievance）論争がある。ポール・コリアーら（Collier & Hoeffler 2000）は紛争当事者の経済的合理性に注目し，紛争は「貪欲」に起因していると論じている。略奪可能な天然資源などの資金源や，兵士として徴募しやすい若者人口の多さが，「機会」の有無が紛争と結びついているという。他方，フランシス・スチュワートら（Stewart et al. 2008）は「不平等論」を掲げ，多民族・多宗教社会において，経済，社会，政治的次元における不平等がある場合，集団間の不満が紛争の発生要因となる傾向が強いと論じている。しかし，紛争の原因を「貪欲」，あるいは「不平・不満」のみに帰することはできない。例えば，「不平・不満」を要因として始まった紛争が，特定の個人や集団の金銭欲や権力欲を満たす側面があるかもしれない。また崇高な理念や目的を追求するために始まった紛争でも，紛争を継続するための物資を調達する資金を獲得するために，天然資源の略奪やさまざまな犯罪行為に従事することがあるかもしれない（上杉・長谷川 2016：127-129）。逆に，「貪欲」にもとづいて始まった紛争でも，メンバーの士気を忠誠を維持するために，戦闘行為を「正当化」する理念やイデオロギーが掲げられるかもしれない[3]。往々にして，長期間にわたり紛争が継続するなかで紛争の形態，性質，手段が変化する。

■ 3-2　なぜ国内紛争が増えたのか

　なぜ第二次世界大戦後に発生した武力紛争の大半は，国内紛争なのであろうか。その最大の原因には，第二次世界大戦後に誕生した新興独立国の国家建設，国民統合に関する問題が関わっている。アフリカの新興独立国のほとんどは植民地宗主国の行政単位を継承して独立したが，その内実は統一性を欠いた「多民族モザイク国家」だった。西欧では「一定の領土的基礎，文化的同一性，歴史・政治的体験の共有」にもとづいて形成された集団が，近代国民国家を長いプロセスを経て創ったの

3）シエラレオネ内戦は，その一例である（杉木 2015）。

に対し，新興独立国は，早急に多様な民族やその他の集団が国民として統合することが求められた。さらに，植民地主義から脱却した近代的な政治制度，法律制度，近代的な経済制度の確立も喫緊の国家建設の課題だった（小田 1999：67-69）。しかし，独立後も多くの国では根強い民族対立や地域主義が残存し，統治原則や政治的共同体に関する合意はなく，国民としての帰属意識は薄かった。だが，冷戦期には，米ソを中心とする東西両陣営は自陣営の政権を支援し，反政府勢力の掃討作戦に協力することが多かったため，反政府勢力は鎮圧され，国内紛争はある程度封じこめられてきた。

しかし，冷戦終焉に伴い，アフリカを取り巻く国際環境は変化し，欧米諸国はアフリカに対する外交政策，援助政策を転換し，政治的自由化，経済的自由化などの改革をアフリカ諸国に求めた。対外援助に依存していた多くのアフリカ諸国は1980年代以降，深刻な経済的危機に直面してこの要求を受け入れ，政治的民主化に着手した。しかし，民主化は必ずしも政治的安定に寄与するものではない。むしろ民主化によって，これまで権威主義体制によって強権的に押さえこまれてきた不満や対立が噴出した。とくに複数政党制にもとづく選挙が実施される際に民族，地域，宗教などのアイデンティティにもとづく集団の対立が表面化し，選挙が「引き金要因」となる「選挙暴力」が頻発した。武内（2016）は複数政党制のもとで選挙が行われ，比較的政治的自由が保障されている国では，エスニシティなどのアイデンティティにもとづく集団が動員され，「選挙暴力」が発生する傾向が強く，政治的不安定性を招きやすいと論じている。それに対して事実上の一党優位体制が継続していたり，特定の政治勢力が統治を継続している国では短期的には政治的安定を維持できるが，政権が体制の維持に固執したり，人々の不満や要求を弾圧することで民衆の不満を高め，政治的不安定や紛争を招く可能性があると指摘している。

3-3 なぜ国内紛争はトランスナショナル化するのか

国内紛争のトランスナショナル化は，三つのタイプに大別できる。第一は国内紛争の当事者が国外へ移動したり，拠点を設けることで，一国の国内紛争が他国へ越境・拡散するケースである。第二は，一国の国内紛争に国外のさまざまな主体が紛争当事者として関与しているケースである。第三は，コンゴ民主共和国のように上記のふたつのタイプが混在しているケースである。このように国内紛争がトランスナショナル化するのは，一般的に，他国の武装勢力が拠点を置く国が①武装勢力の出身国と敵対的な関係にある「ライバル国」，②国家が機能不全に陥っている

「破綻国家」，または③「難民受入国」[4]という状態である可能性が高い（Salehyan 2009：40-47）。

さらに1990年代以降急速に進展したグローバル化も，国内紛争のトランスナショナル化に影響を与えている。グローバル化によって政治，経済，社会構造が再構築されていくことは，紛争の主体や紛争の手段にも変化をもたらす。第一はグローバル化の過程で国家の機能は相対的に弱くなる。とくに「破綻国家」では，武装組織が非合法的な活動に従事したり，特定の領域を実効支配している状況が放置されている。第二に経済のグローバル化とともに，国内紛争はグローバル化した軍事経済によって支えられ，維持されるようになってきている（杉木 2014）。第三は，国境を越える人の移動である。移民や難民となり，近隣諸国や欧米諸国へ移動する人の数は急速に増えている。移民・難民やその第二，第三世代が，ディアスポラとして出身地の紛争に直接・間接的に関与することは少なくない。またインターネットなどを通じて急進的な主張を掲げる武装勢力が発信する情報にアクセスし，感化・共鳴した人々が他国に拠点を置く武装組織に参加したり，居住地でテロや紛争に関わる事例もみられる。

4 北部ウガンダ紛争の事例

本節では，アフリカにおいてトランスナショナル化している国内紛争の事例として，第1タイプの北部ウガンダ紛争をみていく。1962年10月にイギリスから独立したウガンダでは政治，経済的混乱が続いたが，1986年にヨウェリ・ムセヴェニ議長が率いる国民抵抗運動（NRM）が政権を掌握すると，北部以外の地域は安定した。しかし，北部ではNRMの支配に抵抗するいくつかの武装組織が，政府軍と戦い，1987年にジョセフ・コニーが「神の抵抗軍（LRA）」を結成し，次第に勢力を拡大した。1994年に和平交渉が決裂すると，政府軍と「神の抵抗軍」の戦闘は激化した。1994年頃からスーダン政府は「神の抵抗軍」を本格的に支援し，「神の抵抗軍」は南部スーダンへ移動して基地を設け，北部ウガンダへの越境攻撃を開始した。ウガンダ軍は2002年と2004年に南部スーダンで「神の抵抗軍」に対する掃討作戦を行ったが，壊滅することはできなかった。2005年1月に南部スーダン自治

---

[4] 難民および難民受入国の状況は多様であり，全ての難民が武装組織のメンバーとなり，反政府武装活動に関与しているわけではない。

政府(GOSS)が成立したことから、「神の抵抗軍」は 2005 年 9 月頃までにコンゴへ移動した。

ウガンダ政府は「神の抵抗軍」と 2006 年 6 月からジュバ和平交渉を開始したが、2008 年 12 月に和平交渉は決裂した。2008 年 12 月 14 日にウガンダ軍は、コンゴ民主共和国北東部ガランバ国立公園付近に拠点を置く「神の抵抗軍」の基地を攻撃するために、コンゴ、南部スーダン自治政府と合同軍事作戦を行ったが、失敗に終わった。「神の抵抗軍」は 2009 年半ば頃、一部の部隊を中央アフリカ共和国南東部へ移動させ、オボ周辺の村に対する襲撃を始めた。自国軍が脆弱であることを認識している中央アフリカ政府は、ウガンダ軍の駐留を許可し、ウガンダ軍は「神の抵抗軍」の掃討作戦を開始した。全盛期に比べると「神の抵抗軍」の規模は縮小したが、いまだに散発的な襲撃を続けている。

このように北部ウガンダ紛争が隣国へ拡散し、いまだに解決できないのはおもに二つの問題が絡んでいる。第一は、ウガンダと隣国との敵対的な関係である。1956 年に独立したスーダンでは北部と南部の対立が続き、1983 年に第二次内戦が勃発し、スーダン政府とスーダン人民解放軍(SPLA)との戦闘が始まった。スーダン人民解放軍のリーダーだったガランとムセヴェニ大統領は個人的な盟友関係にあり、スーダンとウガンダは敵対的な関係にあった。ウガンダとコンゴの関係も良好とはいいにくい。1998 年から 2003 年にかけてウガンダは第二次コンゴ内戦に介入し、ウガンダ軍を派遣するとともに、反政府武装組織である「コンゴ民主連合・解放運動」や民兵を支援していた。ウガンダ軍は金などの違法採掘や密輸に従事していた(UN 2002)。そのためコンゴ政府は、「神の抵抗軍」の掃討作戦のためにウガンダ軍がコンゴに駐留することを警戒し、ウガンダ軍の「神の抵抗軍」に対する軍事作戦を妨害していた。

第二は、ウガンダ近隣諸国の政治的意思の欠如である。これらの国では「神の抵抗軍」の壊滅は安全保障上の優先課題ではない。南スーダン共和国は 2011 年にスーダンから独立したが、独立直後からスーダンとの国境紛争やクーデター未遂事件、民族対立といった不安定な政治情勢が続き、2013 年以降はキール大統領派とマシャール派の対立が激化している。「神の抵抗軍」が拠点を移したコンゴや中央アフリカも、政権を維持することが最優先課題である。コンゴ東部は長年さまざまな反政府武装勢力が戦闘を繰り広げ、近隣諸国が介入してきた(米川 2014)。中央アフリカも度々政権がクーデターで交代し、不安定な政治経済状況が続いている。2012 年末には、北東部に拠点を置いていた複数の反政府武装勢力がセレカを

結成して首都のバンギへ進軍し，2013年にボジゼ政権が崩壊した。セレカの指導者，ジョトディアは「大統領」に就任したものの，アンチバラカなどの武装勢力との戦闘は続き，国内は混乱した。同年12月にフランスが軍事介入し，フランスや近隣諸国からの政治的圧力をうけて，2014年1月にジョトディアは「大統領」を辞任し，同年7月にセレカとアンチバラカの代表者が停戦に合意した。2015年5月に国民和解フォーラムが行われ，2016年3月に行われた大統領選挙の結果，トゥアデラが大統領に就任した。しかしながら武装解除にセレカのメンバーが抵抗するなど，不安定な政治情勢が続いている（Lesueur 2016）。

5 おわりに

　本章ではアフリカを例に，トラスナショナル化する国内紛争問題の背景と課題を明らかにしてきた。アフリカの国内紛争は多様な主体が重層的に絡んでおり，一国では解決できない。しかし環境などの問題と比べると，国内紛争に関連する問題に対処するためのトランスナショナルな協力は，それほど進展していない。紛争が勃発した際に，国連や地域機構，あるいはアメリカやフランスなどの関係諸国が武装勢力の鎮圧，和平交渉，平和構築に関与するケースはみられる。またキンバリー・プロセス認証制度のように，紛争の資金源となる資源の国際的な管理を行う試みも徐々に進められている。だが，国内紛争の「根本的要因」「引き金要因」「継続要因」に対する多国間，地域間，グローバル・レベルでの協力が十分に進展していない。従来，紛争など安全保障に関わる問題は，もっとも国家間の協力が難しい問題だと考えられてきた。しかし，トランスナショナル化した国内紛争やテロが多発する今日，一国単位で国内紛争の解決や安全保障を実現することは，もはや不可能である。トランスナショナル化する国内紛争に対応するための制度や組織を，どのように形成するのかが，改めて問われているといえよう。

【引用・参考文献】
上杉勇司・長谷川晋（2016）.『紛争解決学入門―理論と実践をつなぐ分析視角と思考法』大学教育出版
小田英郎（1999）.「独立と国家建設」小田英郎［編］『アフリカ　第2版』自由国民社, pp.57-82.
カルドー, M.／山本武彦・渡部正樹［訳］（2003）.『新戦争論―グローバル時代の組織的暴

力』岩波書店
杉木明子（2014）．「グローバル化時代における紛争と小型武器拡散問題」池尾靖志［編著］『平和学をつくる』晃洋書房，pp.103-129.
杉木明子（2015）．「紛争の「加害者」としての子ども―シエラレオネ内戦と子ども兵士問題」初瀬龍平・戸田真紀子・松田　哲［編著］『国際関係のなかの子どもたち』晃洋書房，pp.107-125.
武内進一（2016）．「冷戦後アフリカの紛争と紛争後―その概観」遠藤　貢［編］『武力戦争を越える―せめぎ合う制度と戦略のなかで』京都大学出版会，pp.25-49.
山田　満（2005）．「紛争分析・解決手法と市民参加型の平和構築の展望―開発とガバナンスの構築」山田　満・小川秀樹・野本啓介・上杉勇司［編著］『新しい平和構築論―紛争予防から復興支援まで』明石書店，pp.37-59.
米川正子（2014）．「なぜコンゴ民主共和国東部の治安が回復しないのか？―コンゴとルワンダの安全保障の意図と国連の中立性の問題」『国際安全保障』41(4), 66-84.
Collier, P., & Hoeffler, A. (1999). Greed and grievance in civil war. *The World Bank Policy Research Working Paper*, 2355, Washington, DC: World Bank, Development Research Group.
Lesueur, T. (2016). Central African Republic: Four priorities for the new president. *In Pursuit of Peace*, 10 May 〈http://blog.crisisgroup.org/africa/central-african-republic/2016/05/10/central-african-republic-four-priorities-for-the-new-president〈最終アクセス日：2016年8月30日〉〉
Malender, E. (n.d.). Organized violence in the world 2015: An assessment by the Uppsala Conflict Data Program, *UCDP Paper*, 9.
Pettersson, T., & Wallensteen, P. (2015). Armed conflicts, 1946–2014, *Journal of Peace Research*, 52(4), 536-550.
Salehyan, I. (2009). *Rebels without borders: Transnational insurgencies in world politics*. Ithaca: Cornell University Press.
START (National Consoritum for the Study of Terrorism and Responses to Terrorism, University of Maryland) (2009-2016). Global terrorism database 〈https://www.start.umd.edu/gtd（最終アクセス日：2016年8月30日〉〉
Stewart, F. (ed.). (2008). *Horizontal inequalities and conflict: Understanding group violence in multiethnic societies*. Hampshire: Palgrave Macmillan.
Straus, S. (2012). Wars do end! Changing patterns of political violence in Sub-Saharan Africa. *African Affairs*, 111(443), 179-201.
United Nations (UN) (2002). *Final report of the panel of the experts on the Illegal exploitation of natural resources and other forms of wealth of the Democratic Republic of the Congo*. United Nations, Security Council.

【関連文献】
初瀬龍平・戸田真紀子・松田　哲［編著］（2015）．『国際関係のなかの子どもたち』晃洋書房

【映画紹介】

エドワード・ズウィック［監督］（2006年，アメリカ）
『ブラッド・ダイヤモンド』［143分］

シエラレオネ内戦（1992-2002）において，ダイヤモンドが紛争の資金調達に果たしていた役割，その背景の強制労働・子ども兵士・武器密輸といったものとの関連性を描いた作品。
(DVD販売元：ワーナー・ホーム・ビデオ)

コラム④:"Leave No One Behind"の具現化
池上清子(前国連人口基金東京事務所長・日本大学大学院教授)

2016年1月から,グローバルな開発目標である持続可能な開発目標(Sustainable Development Goals, SDGs)が実施されている。2000年からのミレニアム開発目標(Millennium Development Goals, MDGs)が2015年に終了する前に,3年間にわたる国連での議論を集大成したものだ。これは包括的な目標であるため,17目標を掲げ,貧困削減,経済成長,環境保全,グローバルパートナーシップなどの柱がある。その基本理念は「誰も取り残さない"Leave No One Behind"」である。

このSDGsでは,開発途上国だけでなく,先進国も実施の対象国となっていることが新しい。この意味でユニバーサルな目標である。日本でも,日本版SDGsを考える必要があり,2016年5月には,総理を本部長とし全閣僚が参加する「持続可能な開発目標(SDGs)推進本部」が政府内に設置された。包括的な内容であるため全省庁が関わるが,取りまとめ役は,外務省が果たすことになっている。

SDGsのなかで保健医療分野は,3番目の目標である。母子保健,感染症,ユニバーサル・ヘルス・カバレッジ(UHC),非感染症などを含む。"Leave No One Behind"を保健医療分野で実行するための方法論として,UHCが謳われている。いつでも,どこにいても,だれでも,また,貧富を問わず,保健医療の情報を得られ,同時に,そのサービスにアクセスできることが重要とされ,そのための社会システムの構築が求められているのである。UHCはそのひとつの手段である。

保健医療の課題は,一国では解決できないことが多い。例えば,感染症対策は国境を超えるのが当たり前である。エボラ出血熱の時のような失敗は許されない。伊勢志摩サミット(2016年5月)の最終コミュニケにも書かれているように,各国の保健医療システムを平時から強化することが必須となる。つまり,感染症による危機的状況を想定して事前の備えを万全にすることになるが,それは具体的に何を指すのだろうか。保健医療人材の養成,システムの構築,財政的な基盤作り,耐性菌に対応する研究,感染症の正確な報告などが考えられる。ここで,最も大切なことは,コミュニティ,地域,国,グローバルのどのレベルでも,"Leave No One Behind"の意識をもって,迅速に状況を把握し報告し,必要であれば政策を立案し,国際的にも国内的にも資金を確保し,保健医療システムをフル稼働することではないだろうか。

■見学施設紹介④：神戸・移住ミュージアム
（神戸市中央区）〈http://www.nippaku-k.or.jp/museum/index.html〉

　日本からブラジルへの最初の移民船笠戸丸は，神戸港から出港した。1908年のことである。神戸は横浜と並ぶ国際港として，戦前・戦後を通じて日本人移民を送り出してきた。1928年その神戸港の近くに，移民たちが出発前の最後の数日を過ごす場として国立移民収容所が設立された。高層ビルもなかった88年前のこと，鉄筋コンクリート5階建てのその建物は，そこに着いた移民の目に最新の巨大建造物として映ったことだろう。最盛期には1,300-1,500人の人がここに寝泊まりし，出航までの1週間から10日間ほどの期間をかけて移民生活のための予備講習を受けたという。当時の記録によれば，乳幼児から老人まで文字通り老若男女がそこで過ごし，移民収容所内はまるで街中のような喧噪で溢れていたという。88年前に建てられたこの建物は，その後名前や役割を変えつつも，神戸大空襲（第二次世界大戦末期，神戸は128回の空襲を受けた）でも，阪神・淡路大震災（1995年1月に起きたマグニチュード7.3の兵庫県南部地震により多くの人が家や財産・生命を失った）でも倒壊することなく，今日までその同じ場所に，同じ姿で立ち続けている。

図1　移住ミュージアムが入っている
海外移住と文化の交流センター
(© 海外移住と文化の交流センター)

海外移住と文化の交流センター	
HP	http://www.kobe-center.jp/
アクセス	市営地下鉄「県庁前」駅より徒歩10分，JR元町駅東口から徒歩約15分
見学可能時間	10：00-19：00［月曜休館］但し，移住ミュージアムは17：00迄
TEL	078-272-2362
FAX	078-272-2210
住　所	〒650-0003　神戸市中央区山本通3丁目19番8号

移住ミュージアムに関するご相談・お問合せは日伯協会へ
TEL・FAX：078-230-2891
Email：info@nippaku-or.jp
HP：http://www.nippaku-k.or.jp/

　その建物が，2009年に「海外移住と文化の交流センター」として生まれ変わった。このセンターは，「希望と未知への船出の広場」「多文化と共生の広場」「芸術を生かした創生の広場」という三つの目的のもと内部が三つのスペースに分けられている。そこで海外移住の歴史と意義を次世代に継承するための資料や関連情報を展示したり，日本で暮らす南米系日系人と日本社会との相互理解・共生を目指すさまざまな活動をしたりしている。1階と2階部分の移住ミュージアムでは，月曜日を除く10：00から17：00（入場は16：30）まで，神戸や建物の歴史とともに，移民の海外での暮らしぶりを伝える展示を見学できる。移住ミュージアムは，移民の人々が日本最後の数日を過ごしたその建物で，神戸に刻まれてきた多文化の歴史を学べる，またとない施設だといえるだろう。

Part V

豊かさと貧しさの再配置

Chapter 14

豊かな国のなかに広がる貧困

アメリカにおける貧困とグラミン・アメリカ

稲葉美由紀

　「貧困」という言葉を聞くと，これまではアフリカや南アジアなど主に経済的に貧しい国の問題，もしくは敗戦後の日本というイメージが強かったのではないでしょうか。貧困問題は，豊かな国においては過去のもの，あるいは存在しない問題としてとらえられてきました。しかし経済のグローバル化が進んだ今日，豊かな国においても失業者や非正規雇用者の増加で不安定な状況に置かれる人々が増えています。金融危機や自然災害などが起きる時，最初に大きな打撃を受けるのは社会の底辺層にいる人々です。また一方では，豊かな国で営まれる日常生活のなかにも事故，病気，離婚などさまざまなリスクが潜んでいます。今日貧困は豊かな国でも些細なことを引き金として，だれでも陥るかもしれない身近な問題になりつつあります。

　本章では，貧困をめぐるグローバル化の議論を踏まえたうえで，豊かな国アメリカの貧困の現状と特徴について検討します。またNPOが実施している貧困削減戦略の事例として，貧困層のなかでもとくに女性をターゲットとしたマイクロファイナンスを通して経済的自立支援を行っているグラミン・アメリカを取り上げ，豊かな国のなかに広がる貧困を考えていきます。

NPO女性ビーンズプロジェクトで働く女性（2014年，筆者撮影）

1 はじめに

貧困と関連してよく耳にする言葉に,ワーキングプア,ホームレス,ひとり親,生活保護,社会的排除(ソーシャル・エクスクルージョン)などがある。しかし,豊かな国に暮らす私たちは,いまや貧困が,失業,病気,ケガ,配偶者との離婚や死別,老いなどをきっかけに誰にでも起こり得る身近な問題だととらえているだろうか(阿部 2008;西垣 2011)。貧困とはどのような状態を意味するのだろうか。どの程度の所得があれば,社会でごく普通の生活ができるのだろうか。貧困問題を考えていくとさまざまな要因が複雑に絡み合い,それほど単純に解決できないことがわかる。

アメリカは,「アメリカン・ドリーム」——努力すればだれもが成功することが可能な国というイメージが強い。その反面,アメリカはOECDなどの統計データから先進国のなかでも貧困率と格差がともに高い国となっており,貧困大国や超格差社会の代表国としても知られている。1980年代以降アメリカ政府は「小さな政府」への転換を図り,社会の最も弱い立場の人々(子ども,高齢者,シングルマザーなど)への福祉や経済支援のための財源削減を推し進めてきた。その結果,アメリカ社会のなかに「持てる者」と「持たざる者」の住み分けや分断が起こっている。ある福祉研究者はこのような状況を「資本主義のナイトメア(悪夢)」と表現している。アメリカ社会において貧困の固定化や再生産が進むなか,多様なアクターによる従来の福祉の枠を超えた貧困緩和を目的とする新しいプログラムが実施されている。

OECD(2012)によると,加盟国34か国[1]のなかで相対的貧困率(次節を参照)が最も高かったのはメキシコ(18.9%),2番目イスラエル(18.4%),3番目トルコ(17.8%),4番目アメリカ(17.8%),そして5番目は日本(16.1%)である。アメリカは先進国のなかで最も貧困率が高い。貧困率が低かったのはチェコ(5.3%),デンマーク(5.4%),アイスランド(6.3%),フィンランド(6.5%),オランダ(8.1%),ノルウェー(8.1%)などの北欧を中心とした諸国であり,これらの国々では政府が税や社会保障(現金や現物サービスなど)による再配分を通して貧困率を下げている。これらの国々は政府の社会保障負担費が高い「高福祉・高負担」国家に位置づけられ,アメリカの「低福祉・低負担」と対照的である。アメリカでは一般的に民主党は「大きな政府」を支持し,貧困についても個人の努力だけではどうしようもない社会構造や差別があることを容認し,社会保障や福祉に税金を使うべきだという考え方が

---

1) 2016年にラトビアが加盟し,現在35か国となった。

強い。一方の共和党は 1980 年代のレーガン政権から「小さな政府」による福祉支出削減を推し進めており，貧困対策には消極的で貧困層の労働市場への参加や個人責任を強調している。2017 年 1 月以降のトランプ新政権が格差や貧困，深刻化する人種間（白人対マイノリティ）の対立にどのように取り組んでいくのか注目したい。

2 貧困のグローバル化をめぐる議論

　かつての貧困問題は「南北問題」だった。つまり豊かな国（北）と貧しい国（南）という国家間の格差が問題であり，20 世紀半ばまでは「どの国に生まれるか」がその人の一生の物質的豊かさを決めると考えられていた。しかし今日では「貧しい国」にもグローバル化やインターネットの普及の波に乗って豊かになる都市中産階級が出現し，貧しい国のなかでも所得格差や地域格差がますます進んでいる。その一方でかつての「豊かな国」のなかにおいても貧困層が増加し，所得，資産，教育，健康などの格差が拡大している。物があふれている先進国における貧困は「見えない」「見えにくい」状況になっており，貧困層は人と人とのつながりや社会とのつながりから排除されていることも多い。そこでまず，貧困に関する基本的な考え方について整理しておきたい。

■ 2-1　所得からみる貧困

　貧困のとらえ方には大きく分けて「絶対的貧困」と「相対的貧困」のふたつの考え方がある。どちらも所得を軸とした考え方であり，「絶対的貧困」とは人間らしい生活を送るために必要な最低限の生活水準を算出し，それ以下で生活する人々を絶対的貧困状態ととらえる。主に貧しい国の貧困を表すのに使われている。最近世界銀行は国際貧困ラインを 1 日あたり 1.25 ドルから 1.90 ドル未満で生活する人（絶対的貧困層）と改定した。相対的貧困とは，先進諸国における貧困を意味している。人々がある社会の一員として生存するための最低生活水準に着目した考え方で全人口所得の中央値の半分以下を貧困ラインとして定め，それ以下の人々を相対的貧困者としている。国内の所得格差に着目した考え方である。衣食住などの基本的ニーズに加え，社会の一員として友人との付き合いや社会活動へ参加することなども含み，所得が少ないために社会のなかにおいて普通の生活や習慣から排除されることも含んでいる。例えば，携帯電話やパソコンが買えないなど，人なみの生活ができていない状況は相対的貧困であると考える。

■ 2-2　ケイパビリティ・アプローチからみる貧困

　貧困を所得の低さというよりも基本的なケイパビリティ（潜在能力）が欠如した状態ととらえたのが，経済学者アマルティア・セン（2000）である。従来の所得水準は貧困に影響をおよぼすひとつの要因であるが，センのアプローチは貧困の多面的な側面に着目している。彼はニューヨーク市ハーレム地区（貧困地域）の黒人男性が40歳以上まで生きられる可能性はバングラデシュの男性よりも低いと述べている。この背景として，アメリカでは低所得や失業などの理由から医療保険に入れないこと，医療サービスへのアクセスが悪いこと，犯罪率が高いことなどの理由で適切な医療が受けられないことが影響していると主張している。また，社会に存在する差別や偏見などがこのような人々のケイパビリティの幅や選択肢を狭くし，その結果貧困に陥るリスクが高くなるとも述べている。センの「ケイパビリティ・アプローチ」は，貧困を人々の生活や福祉という視点から広く多面的にとらえることの重要性を訴えている。この貧困に対する概念をもとに，1990年から国連開発プログラム（UNDP）は経済，寿命，教育の三つの側面から国の人間開発の度合いを評価する人間開発報告書（HDR）を発行している。

3　アメリカにおける貧困の現状

　アメリカの福祉が先進諸国のなかでも低いレベルにある理由として，社会福祉政策の中核的プログラムである公的扶助受給者の多くがマイノリティの母子世帯[2]であり，一般的にその母親は福祉を受けるに値しない貧困者と見なされ，値する貧困者と区別されている点が挙げられる。つまり彼女たちが貧困に陥る原因は就労意欲や自助努力に欠けた個人的な問題，すなわち「個人責任」であるという考え方が社会に広く受け入れられているからである。日常生活のなかでさまざまな形の差別（人種・民族，ジェンダー，年齢など）が存在し，それが個人の社会における位置を大きく左右する要因となっており，またどれも貧困や排除と深く関わっている。エーレンライク（2006：285）は，アメリカ社会では「経済的に上位にある者の目には，貧しい人々の姿は映らない仕組みになっている」と所得や階級・階層による住み分けや分断がはっきりしている点を指摘している。

---

[2] アメリカではシングルマザー（母子世帯）という用語は「貧困」や「福祉依存」の代名詞のように使われることが多い。

表 14-1 データでみるアメリカの貧困

		2007	2010	2014
貧困ライン（家族四人）		$21,203	$22,314	$24,230
貧困人口（万人）		3,730	4,620	4,670
貧困率（％）		12.5	15.1	14.8
人種別（％）	白　人（非ヒスパニック）	8.2	9.9	10.1
	黒　人	24.5	27.4	26.2
	ヒスパニック	21.5	26.6	23.6
	アジア系	10.2	12.1	12.0
世帯別	世帯総数	9.8	11.7	11.6
	夫婦世帯	4.9	6.2	6.2
	母子世帯	28.3	31.6	30.6
	父子世帯	13.6	15.8	15.7
性　別	男　性	17.1	21.7	13.4
	女　性	22.2	24.1	16.1
地域別	東　部	11.4	12.8	12.6
	中西部	11.1	13.9	13.0
	南　部	14.2	16.9	16.5
	西　部	12.0	15.3	15.2
出　生	アメリカ生まれ	11.9	14.4	14.2
	外国生まれ	16.5	19.9	18.5
	市民権取得	9.5	11.3	11.9
	永住権のみ	21.3	26.7	24.2

（出典：DeNavas-Walt et al.（2008；2011；2015）のデータをもとに筆者作成）

　ここからアメリカにおける貧困の実態についてデータを通してみてみよう（表14-1）。米国国政調査局は毎年家族数に応じて貧困ラインを定義し，それ以下の世帯を貧困と定義している。2014年の貧困率は14.8％と2010年の15.1％に比べるとわずかに減少しているものの，いまだに高い状態である。アメリカの貧困者数は4,670万人，実に7人に1人が貧困状況で生活していることになる。人種別にみると黒人の貧困率が26.2％，ヒスパニック系が23.6％，アジア系12.0％であるのに対し，非ヒスパニック系白人は10.1％とマイノリティの貧困率を大きく下回っている。また，移民の貧困者の割合は18.5％と高く，なかでもまだ市民権を取得していない人々の貧困率は24.2％と突出している。男女別にみると，女性の貧困率（16.1％）は男性（13.4％）を上回っている，また18歳未満の子どもの貧困率は21.1％で5人

に1人が貧困状態にある。マイノリティの子どもの貧困率はとくに高く,最も脆弱な存在である。次に世帯類型別でみると,一人親世帯の貧困率は夫婦世帯（6.2%）と比べて高く,そのなかでも母子世帯の貧困率（30.6%）は極めて高い。女性の貧困（feminization of poverty）の原因としては,男女間の賃金格差（アメリカの場合,男性100,女性79）や非正規雇用の増加が大きな要因となっている。ここでは割愛するが,人口が少ないため貧困,教育,寿命,病気などに関するデータが非常に限られているネイティブ・アメリカンはどのマイノリティグループよりも過酷な生活を強いられている点は留意しておきたい。

　米国農務省（USDA）は経済的理由などにより一年間の間に家族のだれかが空腹や飢えを経験した状態を食料不足（food insecurity）と定義している。2014年にはアメリカの約14.0%の世帯（4,900万人）がまともな食事を取れていない状態だった。このような人々には,低所得者向けの栄養および健康状態の改善を目的とした食料費補助対策（補助的栄養支援プログラム：SNAP）が公的扶助制度として存在する。また,アメリカには日本のような国民皆保険制度が存在しないこともあり,2013年に破産した人のうち,5人に3人（60%）は高騰する医療費が払えなかったため破産したと報告されている。医療費負担は失業,離婚,クレジットカード負債などと同様に貧困に陥る大きなリスク要因となっている。参考までに2014年のアメリカ人の平均寿命は白人男性78.5歳,白人女性81.1歳,黒人男性72.0歳,黒人女性78.1歳であり,寿命における人種・性別間の健康格差が大きく貧困とも深く関連している。

4　バングラデシュからの貧困削減アプローチ

4-1　貧困母子世帯の自立支援

　1996年,クリントン政権は増加する福祉受給者,とくにマイノリティのシングルマザーの多い公的扶助制度に大きな転換をもたらした。それが個人責任・就労機会調整法（TANF）である。これは,TANF受給者に対して「福祉から就労」「福祉依存からの自立」を目標に厳しい就労要件と5年間の受給期間を定めた大きな改革だった。政府やNPOは,TANF受給者に対して現金・現物給付,職業訓練,生活支援プログラムなどを通して経済的自立に向けた支援を行うことになった。

　こうした背景のもと,シングルマザーや貧困者を対象とする多様な自立支援の取り組みが存在する。例えば,就労訓練を通して自立およびエンパワーメントを促すコロラド州のNPO女性ビーンズプロジェクト（Women's Bean Project）,ホームレス

や貧困女性へ裁縫教室を提供するニューメキシコ州のテンダーラブ・コミュニティセンター（TenderLove Community Center），貧困対策と地域づくりを目指したコミュニティ・ガーデンなどである。次節では，1980年代後半から福祉受給者や低所得者および貧困者を対象とした脱貧困アプローチとしてNPOが実施しているマイクロファイナンスの活動をみていこう。

■ 4-2 貧困削減とマイクロファイナンス：南から北への逆転現象
1）バングラデシュの貧困削減戦略によるアメリカの貧困層支援

バングラデシュは繊維産業を中心に安定した経済成長を続けているものの，依然としてアジアの貧困国のひとつで貧困と格差を解消するための取り組みが急務とされている。人口約1億5,000万人のうち政府が定めた**貧困ライン**（1日2ドル以下）未満で生活している人々の割合は総人口の26％に達する。その一方，アメリカの一人あたりGDPは＄53,041ドルと世界でも最も高い経済水準にあるが，約4,670万人もの人が苦しい生活を送っている。安定した生活を支えるために重要な資産の格差も深刻化しており，上位1％が富の約40％（上位0.1％が約20％）を所有している。同時に中間層は縮小・衰退し，**富裕層と貧困層の二極化が進んでいる**。

バングラデシュとアメリカでは貧困問題の広がり，深さや内容は異なるものの，両国ともに貧困削減のためにあらゆる対策を用いて取り組むことが求められている。従来の国際協力の枠組みのなかで貧困問題の解決に取り組む場合，先進諸国の制度，技術，方法などの技術移転や研修を通してバングラデシュのような貧しい国の開発支援に取り組むという北から南への流れが主流であった。しかし，このような従来の考え方を逆転させたのがグラミン・アメリカだといえよう。

2）銀行口座をもてない貧困層

もし生活困窮者が予期せぬ困難に直面した時や日々の生活費の工面をするために銀行を利用できなければどうなるのだろう。金融サービスは貯蓄が少ない貧困層にとってトラブルを乗り切るための重要な役割を担っている。しかしアメリカでは7.7％の世帯が銀行口座をもたず，通常の金融サービスを受けていない（Unbanked）。また20％の世帯は十分なサービスを受けにくい状況にある。一般的にこうした世帯はペイデイ・ローン（Payday Loan）とよばれる高利息の消費者金融を利用し，高い手数料や金利を支払うことによって給料日（通常2週間）までの期間に限定して融資を受ける。もし返済できなければ更に多くの借金を抱えることとなるが，生

活のためにこのサービスを利用せざるを得ない層が多く存在する。こうした状況を踏まえて，1980年代からアメリカにおいて貧困層を対象に貧困削減戦略として少額融資を行うマイクロクレジット（主に無担保の少額融資）とさまざまな金融商品やビジネスに関する相談・トレーニングを提供するマイクロファイナンスやマイクロエンタープライズへの関心が高まってきた。

グラミン・アメリカのモデルであるグラミン銀行は，もともと最貧国バングラデシュで1976年にユヌス氏が農村部で竹の籠などを作っている貧しい女性たちへ個人的に融資したことから始まる。その後グラミン銀行は政府からの承認を受けて無担保で貧しい女性たちへ融資し，貧困から脱却する手助けを行っている。現在ではバングラデシュ国内に限らず世界中でこの貧困削減モデルが採用されており，2006年にグラミン銀行とユヌス氏はノーベル平和賞を受賞している。しかし，このグラミン銀行がアメリカの貧困層のために進出したことは意外と知られていない。

3）グラミン・アメリカの概要

2008年4月，グラミン・アメリカはニューヨーク市クィーンズ地区ジャクソン・ハイツで設立された。その使命はアメリカの貧困ライン以下で生活する貧困層へ少額融資を行い，小規模な起業を支援することにより生活向上を促し，コミュニティ全体の安定や貧困削減へ寄与することである。2016年現在グラミン・アメリカはニューヨーク州以外にもネブラスカ州，テキサス州，カリフォルニア州など11か所において活動している。設立以来グラミン・アメリカは75,345人の貧困女性へ少額融資を行い，総融資額4億800万ドル，返済率99%，地域内において79,115以上の雇用を創出し地域の活性化に寄与している（2016年9月3日現在）。

融資を受ける要件は，①貧困ライン以下で生活していること，②ビジネスをスタート・維持・拡大する意思があること，③5人1組のグループを作ることができ，メンバーは徒歩5分以内に住んでいること，お互いを知っていることなどである。借り手には貧困層のシングルマザーが多い。最初の二人が融資を受け，この二人がきちんと毎週返済すれば，2週間後に残りの三人が融資を受ける。グループは「ピア・サポート」と「ピア・プレッシャー」の役割を果たしている。初回融資額の上限は$1,500ドル，期間は半年から1年，無担保，年利15%，手数料なしである。個人主義の強いアメリカ社会でグループ形成を条件にしていることから，この仕組みは地域の社会資本の形成や地域経済の発展にも寄与している。

少額融資を受けた女性たちの多くは新たにビジネスを始めたり，既存のビジネス

を維持・拡大している。ビジネスの内容は，美容化粧品関係（24%），洋服やアクセサリーの製造・販売（20%），食品の製造・販売（12%），健康関係製品の販売（9%）などである[3]。例えば，アーティストのナンシー（22歳）は自作の琥珀金アートを地域内のレストラン，教会，友人たちへ売っている。次の夢は，自分のアートで装飾したレストランと配食サービスを家族経営でスタートさせることだ。また，1996年にメキシコからアメリカに来たスザナは2011年に，$1,500ドルの融資を受けて美容院を始めた。2度目の融資では美容院内にネイルサロンを始め，次の夢は今よりも人通りの多い場所に二軒目の美容院を開業することである。女性たちの多くは自営業とパート（清掃，調理，子守りなど）を掛け持ちして生計を立てている。筆者が実施したデンバー市のNPOミカサ女性リソースセンターの聞き取り調査からは，ビジネスだけで成功することは並大抵のことではなく，ごく少数だけが自立していたことが明らかになった。しかしその一方でマイクロファイナンスが提供する多様なプログラムに参加することを通して女性たちのつながりやネットワークが拡大し，サポートグループを形成するなど，シングルマザーの自信や自尊心の向上とエンパワーメントにつながっていた（稲葉 2002）。

5 おわりに

　グラミン銀行がアメリカへ進出したと聞けば，誰もが耳を疑うのではないだろうか。それはアメリカにおける貧困の広がりと深さを意味する衝撃的なニュースといえる。貧困の問題解決を貧困者へ求めることは，個人の努力が足りない，個人責任であるという発想から脱していない。本章では，アジアの貧困国のバングラデシュで生まれたマイクロファイナンスの代表的機関であるグラミン銀行が，アメリカへ進出した例を取り上げた。進出の目的はグラミンモデルを導入してアメリカの貧困者を貧困から脱却させ，よりよい生活ができるように支援することである。これは通常の金融サービスから排除された貧しい女性たちへ無担保で少額融資を行うことにより経済的な自立を促しながら，メンバー間のつながりや地域内での多様なつながりを発展させ，地域のニーズにマッチしたビジネスを通して雇用を生み出している個人，グループ，地域をつなげようとするユニークな取り組みであるといえよう。

---

[3] グラミン・アメリカのホームページより〈http://www.grameenamerica.org/（最終アクセス日：2016年11月28日）〉。

日本社会のなかの貧困問題も，ますます見えにくくなっている。アメリカのように貧困の原因が個人的要因にあると考える人も少なくないのではないだろうか。2008年秋のリーマンショックが起き，その年末「年越し派遣村」ができたことによって，貧困が見える問題として取り上げられるようになった。また2009年にはじめて，厚生労働省が日本国内における2007年の相対的貧困率15.7%，子どもの貧困率14.2%と発表し，国民全体に衝撃が走ったのは約10年前のことである。豊かな国の日本のなかにも，貧困は確実に存在している。

　国際レベルでは2016年に，国連が先進国も対象となる「持続可能な開発目標（SDGs）」を発表し，目標1は2030年までにあらゆる形態の貧困に終止符を打つことを目指している。今こそ，一人ひとりが本当の豊かさや幸せ（well being）について真剣に考え，誰も置き去りにしない・インクルーシブな社会づくりに向けて取り組むことが求められる。

【引用・参考文献】
阿部　彩（2008）.『子どもの貧困―日本の不公平を考える』岩波書店
稲葉美由紀（2002）.「米国の母子家族と自立支援アプローチ―マイクロエンタープライズ・プログラムの試み」『社会福祉研究』(83), 126-131.
エーレンライク, B.／曽田和子［訳］（2006）.『ニッケル・アンド・ダイムド―アメリカ下流社会の現実』東洋経済新報社
セン, A. K.／石塚雅彦［訳］（2000）.『自由と経済開発』日本経済新聞社
西垣千春（2011）.『老後の生活破綻―身近に潜むリスクと解決策』中央公論新社
DeNavas-Walt, C., Proctor, B. D., & Smith, J. C.（2008；2011；2015）. *Income and poverty in the United States*. U. S. Census Bureau.

【関連文献】
青木　紀・杉村　宏［編］（2007）.『現代の貧困と不平等―日本・アメリカの現実と反貧困戦略』明石書店
稲葉美由紀（2009）.「グラミン・アメリカ」萩原康生・松村祥子・宇佐美耕一・後藤玲子［編集代表］『世界の社会福祉年鑑2009』旬報社, 445-462.
岩田正美（2008）.『社会的排除―参加の欠如・不確かな帰属』有斐閣
宇佐見耕一・小谷眞男・後藤玲子・原島　博［編集代表］（2016）.『世界の社会福祉年鑑2016〈2017年度版〉』旬報社

Chapter 14　豊かな国のなかに広がる貧困　163

【映画紹介】

ステファニー・ソーチティグ［監督］（2014 年，アメリカ）
『Fed Up』［92 分］

アメリカでは貧しいほど子どもの肥満が多く，肥満なのに栄養失調であることが多いという事実を追ったドキュメンタリー。学校給食が食品業界による市場としてとらえられていること，それを許す政治の仕組みがあることを示し，肥満で栄養失調の子どもたちをアメリカ社会の歪んだ構造の被害者として描き出す。
(DVD 販売元：ANCHOR BAY)

ラミン・バーラニ［監督］（2014 年，アメリカ）
『ドリーム ホーム 99％を操る男たち』［112 分］

「アメリカでは中間層が減少し，貧富の二極化が進んでいる」という一文の意味を，サスペンス映画として描いた作品。その一文が意味する「中間層から貧困層に転落する人々」の様子を，かつてアメリカ人の幸せの象徴だった一戸建て住宅（ドリーム ホーム）を軸に描く。アメリカで，住宅ローンが返せず住む家を追われた人々の実話をもとにつくられたとされる。
(DVD 販売元：アルバトロス)

Chapter 15

ボーダーレス化する市場

ラテンアメリカに進出するウォルマートの国際化戦略

丸谷雄一郎

　衣類ではユニクロ対ザラ，食ではドトール対スターバックス，住ではニトリ対イケアといったように，私たちは衣食住全ての局面においてビジネスにおけるグローバル競争の恩恵を受けながら生活をしています。また世界中どこへ行っても，日本にあるのと同じブランド店が並び，日本で買えるのと同じようなものが手に入ることに，驚いたこともあるのではないでしょうか。現在では，商品の作り手も買い手も，国境に関係なく広がっています。日本と関連したさまざまな動きをみても，今後もこの潮流は強まっていくと考えられます。

　しかしこれは，豊かな国だけでみられる現象ではありません。かつてはどの国に生まれたかで手に入るものが決まりましたが，今日では世界中どの国でも買える人には，豊かな国と同じようなものが，その国で手に入る時代となりました。本章ではこの点について，ビジネスをめぐるグローバル化の現状を踏まえたうえで，グローバル化の影響を強く受けているラテンアメリカ地域のビジネスに関して検討することによって示していきます。検討する題材としては，ラテンアメリカにおけるビジネスのグローバル化に対応した代表事例・米国出身の世界最大の売上高を誇る小売業者ウォルマートを取り上げます。

メキシコのウォルマート店内（2011年，筆者撮影）

1 はじめに

　前章では豊かな国，米国における貧困が扱われたが，本章では貧しい発展途上国の貧困のなかにもチャンスを見出していくというビジネスの側面から貧困をとらえていく。ビジネスの側面から貧困をみると，発展途上国における貧しさは安価な資源や労働力の源泉としてとらえられてきた。ビジネスの主な主体となってきた先進国出身の多国籍企業はそれらを用いて製品を生産し，生産した製品を先進国市場や一部の発展途上国の富裕層や上位中間層に向けて販売することによって，ビジネスを成立させてきた。今回の検討対象地域であるラテンアメリカ地域を例にとっても，コロンブス到来以降マヤ，アステカ，インカといった高度な文明を有した先住民，アフリカから連れてこられた黒人奴隷，ブラジルの日系移民なども含む相対的に経済が発展していない地域出身の移民といったように，彼らを安価の労働力として用い，金，銀，鉄，銅および石油などの鉱物資源やコーヒー，カカオ，バナナおよび大豆などの農産物を安価で調達し，それらを豊かな先進国市場に販売することによってビジネスを成立させてきた。

　こうした潮流は現在でも依然として根強く残っているが，従来の先進国市場の成熟化もあいまって，2000年代以降状況は段階的に変化しつつあり，安価な資源や労働力の源泉として主にとらえられてきた貧しい国を，新興国市場としてとらえ直す新たなビジネスのグローバル化の潮流が生じてきた。リーマンショック後，一時の熱狂は落ち着きつつあるが，先進国市場の成熟化という状況は変化しておらず，今後もビジネスをめぐるグローバル化のこうした潮流は継続していくとみられる。

2 ビジネスをめぐるグローバル化の現状

　ビジネスをめぐるグローバル化とはグローバル化の主な主体である企業の活動におけるグローバル化とほぼ同義であるといえる。企業活動の「グローバル化」は国境を強く意識する「国際化」に代わり，冷戦構造崩壊に伴う国境意識の希薄化により定着した世界全体や地球を意識した概念である。その内容は輸出，海外生産，現地販売から，出身国から海外への方向性を必ずしも意識しない世界最適地からの経営資源調達，世界最適地生産，世界最適地販売へと変化してきた。

　ビジネスをめぐるグローバル化の現状は1995年に自由貿易促進のためにルール調整する常設機関として設立されたWTO（世界貿易機関）の加盟国拡大とそれに伴

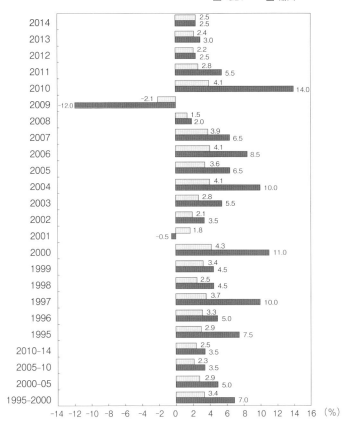

図 15-1 世界における GDP および輸出の成長率推移
(出典：World Trade Organization (WTO) (2015：16) をもとに作成)

う財とサービスの取引の推移により確認できる。WTO設立以前，貿易は資本主義陣営中心に限られた規模で行われていたので，ルールはGATT（関税と貿易に関する一般協定）加盟国間の多角的貿易交渉（ラウンド）という枠組みにより常設機関を置かずに調整されていた。加盟国数は77カ国で発足したが拡大し続け，2002年中国台湾，2012年ロシア加盟を経て，2016年7月現在164か国となった。財とサービスの取引も拡大を続け，2000年ITバブル崩壊と2008年リーマンショック後の2回の落ち込みを除いて順調に拡大し続けている（図15-1）。

3 ビジネスのグローバル化をめぐる議論

　ビジネスのグローバル化をめぐる議論は，ビジネスの主な主体である多国籍企業の活動のグローバル化とほぼ同義であるといえる。グローバル化の恩恵により今後成長が期待されるインドを事例に議論してみよう（図15-2）。その契機は1980年代米国系多国籍企業を中心に開始された経営・所有の自前主義の放棄に伴う国外アウトソーシングの潮流があり，中国が「世界の工場」となった。1990年代にインターネットの普及が進み，サービス領域にもその潮流が拡大し，1991年に経済自由化と規制緩和政策の採用をした理系大国インドにも**オフショアリング産業の発展**という形で恩恵がもたらされた。その産業に従事する富裕層や中間層は消費市場を形成し，多国籍企業が世界中から参入している。

　ビジネスのグローバル化をめぐる議論は非常に多岐にわたるが，今回は市場のグローバル化に対応して拡大する小売業者の事業活動について論じる。小売業者のグローバル化はメーカーに比べて遅れてきたが，1990年代末以降後述のウォルマートなどグローバル化を進める企業が出てきており，日本からもブランドを世界展開するユニクロやMUJI，コンビニを世界展開するセブン＆アイ，モールをアジアに展開するイオンなどが出てきている。

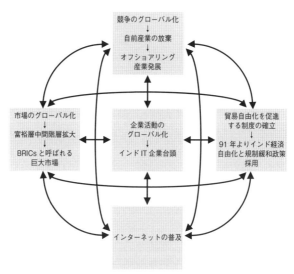

図15-2　インドにおける企業活動のグローバル化の構図
(出典：丸谷 2015：21)

4 ラテンアメリカにおけるビジネス

　ラテンアメリカとは北米の南に位置する中央アメリカから南アメリカまでの範囲を含み，19世紀まで主にスペインとポルトガルの植民地だった地域であり，米国に国境を接する北の大国メキシコ，北米と南米とのあいだを結ぶ小国が集まる中米地峡諸国7か国，南米10か国で構成される。主に旧英国領である北のアングロアメリカに対してラテンアメリカとよばれることも多く，カリブ海に点在する島々にできたカリブ海に位置する諸国と一帯としてとらえられることも多い。

　ラテンアメリカは独立当初の19世紀には英国，20世紀になると米国の一次産品供給基地として位置づけられ，ビジネスも外資とそれに結びついた一部の現地の有力ファミリーにより支配されていた。しかし，第二次世界大戦によって，欧米からの製品輸入が難しくなったのを契機に状況は変化し，1950-60年代に入るとラテンアメリカ諸国の多くは，**輸入代替工業化政策**を採用し，工業化を目指すようになった。輸入代替工業化政策は従来輸入してきた製品の輸入を規制し，1950-60年代ラテンアメリカに導入され，当初工業化を促進した。しかし，保護主義政策は国際競争を生まず，国内市場も小さいため，すぐに行き詰まった。1980年代のハイパーインフレを伴う「失われた10年」を経て，1990年代には多くの諸国において，**新自由主義経済政策**が採用され，外資参入を促すための規制緩和や，NAFTA（北米自由貿易協定）に代表されるように，FTA（自由貿易協定）の締結が相次いだ。

　2000年代に入り資源価格が高騰すると，ベネズエラのチャベス政権に代表されるように急進左派政権が誕生し，保護主義を導入する動きも一部でなされたが，ブラジルのルーラ政権に代表されるように，多くの諸国では資源価格の高騰で獲得した資金を，インフラ建設や中間層への分配に回した。そのため，外資によるビジネスも積極的に行われるようになり，製造に比しても規制が厳しい小売においても，多くの諸国で参入規制が緩和され，外資参入が活発化した。

5 ラテンアメリカにおけるビジネスのグローバル化：ウォルマートの事例

　2000年代に入りブラジルがBRICS，メキシコがネクスト11，アルゼンチンがVISTA，コロンビアがCIVETSといったように，ラテンアメリカ主要国は投資が推奨される新興国となり，遅ればせながら，グローバル・プレイヤーが旺盛な需要を目当てに積極的な取り組みを行うようになった。小売業者の事業も拡大し，フラ

ンス出身カルフールとカジノおよび以下で取り上げる米国出身のウォルマートといった欧米出身企業だけではなく，チリ出身のセンコスッド，ファラベラなどが南米全土に積極的に進出し，外資と渡り合っている。

■ 5-1 創業から世界一位になるまでの時代（1962–1991年）

ウォルマート1号店は，1962年7月米国中西部アーカンソー州ロジャースに出店された。創業者サム・ウォルトンは当時経営していた5セントと10セントで販売可能な非食品という限られた商品カテゴリーを取り扱うバラエティストアという小売業態に限界を感じていた。そのため，世界のビジネスの中心部である米国北東部で当時浸透し始めていたセルフサービス方式で耐久消費財を低価格販売するディスカウントストアという小売業態を，農業を中心とする中西部の田舎町で始めたのである。同社は1970年の株式店頭公開までは資金繰りに苦しみ，その後も北東部のライバルKマートなどに比べて成長は緩やかだった。成長が加速したのは1980年代に入ってからであり，M&AやMWC（会員制ホールセールクラブ）業態進出が主な理由だった。1990年には売上が全米第1位（世界第1位）となったが，1992年には創業者サムが亡くなっている。

■ 5-2 国際化を繰り返した試行錯誤の時代（1991–2005年）

同社の本格的な海外進出は，創業者の引退とディスカウントストアという従来の主要小売業態の飽和による本国における成長の鈍化という状況下において開始された。当時は東西冷戦が終結し，自由貿易が世界に拡大していく過渡期であり，米国も1994年にメキシコとカナダとのあいだでNAFTAを締結した。ウォルマートも貿易自由化の潮流に乗ってなんとなく，1991年にメキシコ，1994年にカナダというように隣国2か国に進出した。サムの引退後経営を任されたデイビット・グラスは情報化を促進し，従来のディスカウントストアと食品スーパーを組みわせたスーパーセンターという新業態を導入するなど，ウォルマートの現在の成功の基盤を構築した影の立役者である。

しかし，彼は国際展開に関しては素人であり，1993年に国際部門を創設し，ボブ・マーチンを外部から招聘し国際部門CEOを任せた。ボブ・マーチンは明確な方針がないまま，地理的に近い大国ブラジルとアルゼンチン，今後の成長が予測される中国，心理的に近い先進諸国韓国，英国，ドイツおよび日本といったように，出店領域を拡大した。1999年に国際部門CEOとなったジョン・メンツァー時代も

含めて，同社は現地での試行錯誤の経験を蓄積していった。韓国とドイツの2006年の撤退の決断にみられるように，大失敗も味わったが，上記の経験から次の時代につながる明確な戦略を構築することができた。国際化戦略は参入市場の決定と参入方法の決定に区分できる。ウォルマートの国際化戦略は参入市場の決定に関しては，同社の強みである低コストによる低価格商品の提供を求める消費者が増加し続けている新興国市場を重視した。参入方法の決定に関しては，新興国市場の特徴である急激に変動する経済状況や恣意的に運用される法規制といったリスクに対応しやすい，合弁後しばらく様子をみての買収という方式を確立した。

■ 5-3 グローバル化の時代（2005年 –）

　ウォルマートは2005年にその後国際部門出身初の全社CEOになるマイケル・デューク氏が国際部門CEOに就任した頃からグローバル化の時代を迎える。ビジネスにおける国際化とグローバル化の相違は国境をより強く意識しているのか，地球あるいは世界全体をより強く意識しているのかであるが，ウォルマートは地球あるいは世界全体をより強く意識してビジネスを行うようになる。2005年以降新興国市場重視による合弁後買収という世界全体を強く意識した明確な戦略にもとづいて，2005年中米地峡市場5か国，2009年インドとチリ，2011年南アフリカおよびその周辺諸国というように進出地域を拡大した。組織体制は米国と他国といったとらえ方にもとづく本国米国以外横並びという組織から米国と国際部門を区分した体制に変更し，国際部門をアジア（中国，日本，インド），ラテンアメリカ（メキシコ・中米地峡5か国，ブラジル，アルゼンチン，チリ）およびEMEA（カナダ，英国，アフリカ）という3地域に区分した。進出済み市場においては，試行錯誤の結果，その他の市場においても有用なノウハウを蓄積し，メキシコでは同社の強みを活かせる新興国市場向け倉庫型ディスカウントストアを発見進化させ，中国では低価格商品の供給網を，英国では世界最高水準のプライベートブランドや欧州の優れた品質の商品の供給網を獲得した。

　獲得したノウハウは米国企業であるウォルマートがメキシコで発見進化させた倉庫型ディスカウントストアが中米地峡市場，アルゼンチン市場およびチリ市場に移転され，移転された市場で市場の脈絡に合わせてさらに進化し，進化する過程において獲得されたノウハウがノウハウの元となった市場やラテンアメリカ市場以外にも移転されるというように，グローバル化されなければ達成され得ない成果に結びつきつつある（表15-1）。

表15-1　小売国際化の4段階

(出典：Dawson & Mukoyama (2014：18) の表に、筆者が加筆修正)

段階	第1段階	第2段階	第3段階	第4段階
時期	1960年代まで	1970年代以降	1980年代末以降	1990年代末以降
視点	企業家的	機会主義的	戦略的	戦略的
	個人的関わり		一部機会主義的	企業トップが強い関与
市場範囲	隣国植民地	機会がある国	大陸内	地球全体
企業内での位置づけ	限定的	国内地位強化に次ぐ	国内からの支援を背景にした国際化	企業の中核戦略として
日本企業代表例	三越植民地出店	伊勢丹シンガポール出店	イオン東南アジア出店	ユニクログローバル旗艦店

6　おわりに

　アメリカに本社を置くウォルマートは、先進国のなかの貧困市場を開拓し、やがて新興国市場を中心に新たな市場を作り出すことで、世界最大の小売企業であり続けている。ウォルマートは1960年代以降の先進国米国経済の成長終焉に伴って強まった低価格志向に地方市場においていち早く適応することによって成功を収め、先進国のなかの貧困市場を標的とすることによって、世界最大の売上高を誇る小売企業となった。創業者サム・ウォルトンの死後の1992年以降、同社は冷戦構造崩壊後進む市場のグローバル化によって障壁が下がった外国市場への進出を加速した。新興国市場において一定の地位を確保し、とくにラテンアメリカ地域は、同社のグローバル戦略の中核市場として位置づけられ、既述のように最も成功を収めているメキシコ小売市場で発見進化させた倉庫型ディスカウントストアという小売業態は、次々とその他の新興国市場へと展開されている。

　こうした取り組みは従来富裕層や上位中間層を主要な標的としてきたLVMH、カルフール、ザラ、イケアといった外資や現地小売業者とは対照的である。ウォルマートは彼らが軽視してきた下位中間層や低所得階層という「貧しい市場」にあった潜在市場を標的市場として工夫を行うことによって大成功を収めたのである。ビジネスのグローバル化に関して、プラハラードらにより提唱されたBOP（ボトム・オブ・ザ・ピラミッド）市場とよばれる従来のアプローチでは市場としてとらえることが難しい市場について、日本においても論じられることが近年増加した。ウォル

マートの取り組みはBOP市場に世界的小売業者の中でいち早く着目し，巧みに適応した事例であり，BOP市場の可能性を論じるうえでも多くの示唆を与えている。

【引用・参考文献】

プラハラード, C. K.／スカイライトコンサルティング［訳］(2005)．『ネクスト・マーケット―「貧困層」を「顧客」に変える次世代ビジネス戦略』英治出版

丸谷雄一郎 (2009)．『ラテンアメリカ経済成長と広がる貧困格差』創成社

丸谷雄一郎 (2013)．『ウォルマートのグローバル・マーケティング戦略』創成社

丸谷雄一郎 (2015)．『グローバル・マーケティング 第5版』創成社

Dawson, J. & Mukoyama, M. (ed.) (2014). *Global strategies in retailing Asian and European experiences*, Routledge.（向山雅夫・ドーソン, J.［編著］(2015)『グローバル・ポートフォリオ戦略―先端小売企業の軌跡』千倉書房）

World Trade Organization (WTO) (2015). World trade and the WTO: 1995–2014. *World Trade Organization International Trade Statistics 2015*. 〈https://www.wto.org/english/res_e/statis_e/its2015_e/its15_toc_e.htm（最終アクセス日：2016年12月7日）〉

【関連文献】

ラギー, J. G.／東澤 靖［訳］(2014)．『正しいビジネス―世界が取り組む「多国籍企業と人権」の課題』岩波書店

【映画紹介】

ケイリー・フクナガ［監督］(2009年，アメリカ・メキシコ)
『闇の列車，光の旅』［96分］

アメリカの側から語られることの多い中南米諸国からアメリカへの非合法移民労働者について，移民の立場から描いた作品。「なぜアメリカを目指すのか」「どのように国境を超えるのか」そして「彼らの人生はどのようなのか」が描きだされる。
(DVD販売元：Happinet（SB）(D))

スティーブン・ダルドリー［監督］(2014年，イギリス・ブラジル)
『トラッシュ！ この街が輝く日まで』［114分］

ブラジルのリオデジャネイロで，ゴミ拾いをして生活している貧しい少年たちが，ある日ゴミの山で財布を見つける。その財布に隠された世界を揺るがす秘密をめぐる，少年たちの冒険の物語。かつて「第三世界」と一括りにされた国々のなかに生まれている，経済成長の恩恵を受けるひとと，そこから取りこぼされていく人々の構図がみえる。
(DVD販売元：NBCユニバーサル・エンターテイメントジャパン)

事項索引

A-Z
BOP（ボトム・オブ・ザ・ピラミッド）市場　172
BRICS　169
GATT（関税と貿易に関する一般協定）　167
NAFTA（北米自由貿易協定）　169
REDD+　129
WTO（世界貿易機関）　166

あ行
アイデンティティ　35, 104
アウトソーシング　168
新しい戦争　140
アファーマティブアクション　61
アル・ジャジーラ　95

域内格差・国内格差の構図　86
域内・国内格差にもとづく入れ子構造　90
イスラームの「知識」　109
医療経済学　71
医療従事者の流動化　72
医療ツーリズム　68
医療の二極化　73
医療の不確実性　70
インターネット　96, 110

ウォルマート　170
「内向き」志向　19

衛星放送　95
エージェント　111

越境行為そのものへの不平等　85
エラスムス計画　60
遠隔地ナショナリズム　99

欧州刑事警察機構（Europol）　121
欧州連合（EU）　123
オフショアリング産業　168
オリエンタリズム　95
温暖化　128

か行
外国人登録証　34
加害者処罰　122
家族　48
家族結合移民　17
家族の呼び寄せ　50
換金作物　133
元年移民　17
疑似イベント　84
技術の発達　84
技能実習　19
境界のあいまい化　84
共有財　130
共有地の悲劇　130
近接性　87

空間-時間の圧縮　3
グラミン・アメリカ　160
グラミン銀行　160
クリーン開発メカニズム　128
クルアーン　106
クルド問題　98
グローカル化　5, 58

グローバル化　118
グローバル・ビレッジ　3, 96
クロスボーダー教育　59

経済・社会的要因　141
継続要因　142
ケイパビリティ・アプローチ　156
血統主義　49

公教育　58
国際移住機関（IOM）　14
国際化された国内紛争　140
国際教育交流　59
国際教育交流のハブ　65
国際事実婚　36
国際薬物犯罪事務所（UNODC）　120
国籍　49
国内避難民　25
国連難民高等弁務官事務所（UNHCR）　26
個人責任　156
国家間紛争　140
国家の安全保障　31
国家の退場　4
国家の統合　97
コミュニティ・フォレスト　129
根本的要因　141

さ行
再入国許可書　40
在留カード　35
在留外国人統計　14

シェンゲン協約　*16*
資金協力　*27*
持続可能な開発　*129*
市民権　*49*
社会保険　*71*
社会保障　*70*
宗教　*104*
〈宗教／文化〉の区別　*108*
重国籍　*36*
出生地主義　*36*
出入国管理政策　*16*
商品化された「ほほ笑み」　*89*
情報化　*110*
情報の非対称性　*70*
食料不足　*158*
人格テスト　*53*
シングル・マザー　*158*
新興国市場　*171*
新自由主義経済政策　*169*
人身取引　*118*
人身取引議定書　*120*
人身取引と闘う国連グローバル・イニシアティブ　*123*
森林保護　*128*

政教分離　*106*
政治的要因　*141*
生地主義　*49*
世界規模での新たな階層化　*6*
世俗化　*104*
絶対的貧困　*155*
選挙暴力　*143*

相対的貧困　*155*

た行
退去強制　*51*
第三国定住　*27*
多国籍企業　*16*
多次元アプローチ　*5*
多層型グローバル・ガヴァナンス　*4*
脱領土化　*6*
ダフネ・プログラム　*123*
多民族モザイク国家　*142*

調和化　*64*

ディアスポラ　*6, 99*
定住者　*19*
テオ事件　*52*

トランジットポイント　*62*
トランスナショナル教育　*59*
トランスナショナルな社会空間　*6*

な行
難民　*24*
難民貢献論　*31*
難民条約　*24*

ニストロム事件　*53*
人間の安全保障　*31*

は行
パスポート　*36*
破綻国家　*144*
パリ協定　*128*

引き金要因　*142*
非現実性産業　*89*

ヒジャブ　*106*
貧困ライン　*159*
父系血統主義　*36*

プッシュ−プル要因　*121*
プッシュ＝プル理論　*15*
父母両系血統主義　*36*
富裕層と貧困層の二極化　*159*
文化帝国主義　*5*
文化的収奪　*85*
文化・認識的要因　*141*
紛争難民　*25*
文明の衝突　*105*

ヘイトスピーチ　*20*

ポストモダン的な憧れ　*84*

ま行
マイクロクレジット　*160*
マイクロファイナンス　*160*
マレー系優先政策　*61*

密航業者　*27*
ミレニアム開発目標　*129*

無国籍　*34*

や行
ユニバーサルヘルスカバレッジ　*71*
輸入代替工業化政策　*169*

ら行
ラテンアメリカ　*166*

リーマンショック　*166*

冷戦　*96*

ローカル・コモンズ　*130*

人名索引

A-Z

Asahiro, K. *132*

Dawson, J. *178*
DeNavas-Walt *157*

Foster, M. *52*

Hardin, G. *130*
Hoeffler, A. *142*

Klapdor, M. *49*
Knight, J. *65*

Larsen, G. *50*
Leseur, T. *146*

Malender, E. *141*

Nicholls, G. *54*

Ostrom, E. *130*

Pettersson, T. *140*

Salehyan, I. *144*
Sam, T. *129*
Shepherd, G. *129*
Soysal, Y. N. *5*
Straus, S. *141*

Tani, M. *132*
Tunç, A. *97*

Wallensteen, P. *140*

ア行

アーリ, J. *6, 84, 85*

安達智史 *105, 106*
アパデュライ, A. *5*
阿部 彩 *154*

アンダーソン, B. W. O'G *99*

石川達三 *18*
稲葉美由紀 *161*
イペクチ, H. *101*

ウィンターボトム, M. *32*
ウェーバー, M. *2, 3*
上杉勇司 *142*
ウォーラーステイン, I. *6*

エーレンライク, B. *156*
エドワード・ズウィック *148*
遠藤英樹 *85*

奥田安弘 *35*
織田信長 *4*
小田英郎 *143*
オドネル, D. *112*
オルブロウ, M. *3, 6*

カ行

カサヴェテス, N. *77*
加藤恵津子 *19*
ガラン *145*
カルドー, M. *140*

キール *145*
ギデンズ, A. *5*

久木元真吾 *19*
クリアレーゼ, E. *91*
栗原奈名子 *21*

クリントン, B. *158*
黒田一雄 *59*

ケイリー・フクナガ *173*
ケネディ, P. *6, 84, 85, 89*
ケマル・アタチュルク *98*

コーエン, R. *6, 84, 85, 89*
コリアー（Collier, P.） *142*
コンドラキ, L. *126*

サ行

サイード, E. W. *6, 95*
坂本麻衣子 *134*
サッセン, S. *5, 16*
サム・ウォルトン *170*
サムデレリ, Y. *21*

ジョセフ・コニー *144*
ジョトディア *146*
ジョン・メンツァー *170*

杉木明子 *142, 144*
杉村美紀 *61-63*
スチュワート（Stewart, F.） *142*
スティーガー, M. B. *3, 5*
スティーブン・ダルドリー *173*
ステファニー・ソーチティグ *163*
ストレンジ, S. *4*
スピルバーグ, S. *42*
住原則也 *104*
スメルサー, N. J. *4*

関根政美 *50*

セン, A. K.　*156*
ソダーバーグ, S. A.　*137*

タ行
武内進一　*143*

チェン, A.　*56*
陳天璽　*35, 36*

ディーナー, A. C.　*87*
デイビット・グラス　*170*
デュルケーム, E.　*2, 3*
テンジン・ノルゲイ　*i, ii*

トゥアデラ　*146*
ドーソン（Dauson, J.）　*172*
トーピー, J.　*6*
トムリンソン, J.　*6*
トランプ, D.　*155*

ナ行
長友　淳　*17*
中山　元　*2*

西垣千春　*154*

ハ行
ハーヴェイ, D.　*3*
バーガー, P. L.　*104*
長谷川晋　*142*

服部清美　*118*
バレーニャス, R. S.　*48*
ハワード, J. W.　*50*
ハンチントン, S. P.　*105*

東江一紀　*118*
ヒラリー, E.　*i, ii*

フィンチ, G.　*i*
ブーアスティン, D. J.　*84*
福島安紀子　*118, 124*
ブラック, S.　*91*
フリードマン, T. L.　*118*

ヘーガン, J.　*87*
ベック, U.　*6, 86*
ヘルド, D.　*4, 5*

ホーク, B.　*51*
ボジゼ　*146*
ホブ・マーチン　*170*

マ行
マイケル・デューク　*171*
マキァーネル, D.　*85, 87*
マクルーハン, M.　*3*
真野俊樹　*68*
マロリー, G.　*i*

宮島　喬　*2*

ムーア, M. F.　*77*
向山雅夫　*172*
ムセヴェニ　*145*

メルケル, A.　*23*

ヤ行
山下晋司　*iii*
山田　満　*141*
山本信人　*100*

ユヌス, M.　*160*

ヨウェリ・ムセヴェニ　*144, 145*
米川正子　*145*

ラ行
ラーセン, J.　*84*
ラミン・バーラニ　*163*

リオレ, P.　*101*
リクリス, E.　*42*
リッツァ, G.　*5, 84*

レーガン, R.　*155*

ローチ, K.　*21*
ロバートソン, R.　*6*

執筆者紹介 (執筆順，*は編者)

石井香世子（いしい かよこ）*
担 当：1・8章
立教大学社会学部教授。社会学・タイ研究・東南アジア社会論。山村・都市・トランスナショナル空間を生きるタイ山地民と観光・移民の事例をもとに，エスニック・マイノリティからみたグローバル化を研究。編著書に *Marriage migration in Asia*（京大出版会／シンガポール大出版会，2016年）など。

酒井千絵（さかい ちえ）
担 当：2章
関西大学社会学部教授。社会学・国際移動とジェンダー・東アジア研究。日本人の海外移住史，日本から香港や上海への移住，移住への日本社会の反応を通して，国境のあり方を研究。著作に「グローバル化するジェンダー関係―日本の「アジア就職ブーム」と女性の国際移動から」（『変革の鍵としてのジェンダー』ミネルヴァ書房所収，2015年）など。

滝澤三郎（たきざわ さぶろう）
担 当：3章
東洋英和女学院大学大学院名誉教授・元UNHCR駐日代表。移民・難民論。難民問題がグローバルな問題となるなかで，日本の難民政策がいかにあるべきかを研究している。編著書に『難民を知るための基礎知識』（明石書店，2017年）など。

陳 天璽（チェン ティエンシ）
担 当：4章
早稲田大学国際学術院教授。移民・華僑華人・無国籍者に関する人類学的研究を専門とする。著書に『無国籍』（新潮社，2011年［2005年］），『華人ディアスポラ』（明石書店 2001年）。共編著に『越境とアイデンティフィケーション』（新曜社，2012年），『パスポート学』（北海道大学出版会，2016年）など。

プロムチャワン・ウドムマナー
担 当：コラム①
バンコクメロディ幼稚園，チャイルドコネクト教育センター理事長。多文化の背景を背負って生きる子どもたちの，能力開発教育の専門家・実践家。著作に'Early childhood teacher-child relationships in the United States: Theory'（*International handbook on early childhood education*, Springer所収，近刊）など。

奥野圭子（おくの けいこ）
担 当：5章
神奈川大学経営学部講師。憲法・渉外公法・オーストラリア法。外国人の人権問題の事例から，豪日比較研究を中心に国境を超えて家族生活を送る人々の権利問題を研究。豪日交流基金の研究助成を得て，メルボルン大学で在外研究後，現職。著作に「国境を超えて家族生活を営む権利」（『国際経営論集』49巻所収，2015年）など。

杉村美紀（すぎむら みき）
担 当：6章
上智大学総合人間科学部教授。学術交流担当副学長。比較教育学・国際教育学。人の国際移動と多文化社会の変容における教育の役割，トランスナショナル教育，国際教育交流について研究。共編著に『多文化共生社会におけるESD，市民教育』（上智大学出版，2014年）など。

真野俊樹（まの としき）
担 当：7章
中央大学大学院戦略経営研究科教授・多摩大学大学院特任教授・同医療介護ソリューション研究所副所長。87年名古屋大学医学部卒業。医師，医学博士，経済学博士。日本内科学会認定専門医。医療・介護の国際化を研究。『入門医療経済学―「いのち」と効率の両立を求めて』（中央公論新社，2006年），『グローバル化する医療―メディカルツーリズムとは何か』（岩波書店，2009年），『入門医療政策―誰が決めるか，何を目指すのか』（中央公論新社，2012年）など著書多数。

川杉ありさ（かわすぎ ありさ）
担　当：コラム②
中国四川省　西南科技大学芸術学部音楽科ピアノ講師。室内楽ピアニスト，伴奏ピアニスト，ピアノ講師などとして，アジアやヨーロッパにて幅広く活動を展開中。

阿部るり（あべ るり）
担　当：9章
上智大学文学部新聞学科教授。社会学・メディア研究・トルコ地域研究。トルコ南部でのフィールドワークを経て，ヨーロッパにおけるクルド系，トルコ系移民コミュニティとメディアの関わりについて研究。著作に「トルコとヨーロッパ―クルド語公共放送「TRT」の誕生 トルコの挑戦と限界」（『ジャーナリズムの国籍』慶應義塾出版会所収，2015年）など。

安達智史（あだち さとし）
担　当：10章
関西学院大学社会学部教授。社会学・社会統合・現代ムスリム研究。現代の女性ムスリムへの聞き取りを通じて信仰と社会統合の関係を探究。著書に『リベラル・ナショナリズムと多文化主義―イギリスの社会統合とムスリム』（勁草書房，2013年）など。

倉石平（くらいし おさむ）
担　当：コラム③
早稲田大学スポーツ科学学術院教授・公益財団法人日本バスケットボール協会技術委員会委員・3X3強化部会部会長兼日本代表ゼネラル・マネージャー。専門はスポーツ科学・コーチング科学・ボールゲーム戦術戦略。元バスケットボール日本代表。トップリーグ各チームでヘッドコーチを歴任。NHKなど各局でバスケットボール解説多数。共著書に『バスケットボール指導教本 上巻／下巻』（大修館，2016年），監訳書に『バスケットボール・コーチ ウィークリー（日本語版）』（2015年4月より40巻継続中 ジャパンライム株式会社）など。

中村文子（なかむら あやこ）
担　当：11章
山形大学人文社会科学部准教授。専門は国際関係論・国際人権問題。欧州と東南アジアの地域機構による人身売買対策について研究。共編著に『移動の時代を生きる―人・権力・コミュニティ』（東信堂，2012年）など。

坂本麻衣子（さかもと まいこ）
担　当：12章
東京大学大学院新領域創成科学研究科国際協力学専攻准教授。資源環境管理・コミュニティ開発・合意形成論。著作に「ベンガルの農村で飲料水ヒ素汚染問題に向き合う―異分野の方法を取り入れて見えてきたもの」（『FENICS-2巻 フィールドの見方』古今書院所収，2015年）など。

杉木明子（すぎき あきこ）
担　当：13章
慶應義塾大学法学部教授。国際関係論，現代アフリカ政治。アフリカにおける紛争，難民問題，海上犯罪・海上安全保障等を研究。主な研究業績に「途上国では，いま何がおきているのか―ソマリアの事例から」（『多文化「共創」社会入門』慶應義塾大学出版会所収，2016年），「紛争の「加害者」としての子ども」（『国際関係のなかの子どもたち』晃洋書房所収，2015年）等。

池上清子（いけがみ きよこ）
担　当：コラム④
前国連人口基金東京事務所長・日本大学大学院教授。国際関係論・女性の健康論。国連機関とNGOの両視点から，開発，ジェンダー，人口，持続可能な開発目標（SDGs）などを研究。第2回野口英世アフリカ賞選考委員，（公財）プラン理事長，日本赤十字社常任理事。著作に「家族計画」（『基礎助産学［3］母子の健康科学』医学書院所収，2016年）など。

稲葉美由紀（いなば みゆき）
担　当：14 章
九州大学大学院言語文化研究院・地球社会統合科学府准教授。社会福祉学・公共政策・地域開発・高齢者ケア。著書に *Capitalism for the poor: Does microenterprise work in the developed world?*（花書院，2012 年）など。

丸谷雄一郎（まるや ゆういちろう）
担　当：15 章
東京経済大学経営学部教授。グローバル・マーケティング論。世界最大売上を誇る小売業者ウォルマートのラテンアメリカなどへの進出事例から，グローバル・マーケティングに関して研究。『ウォルマートのグローバル・マーケティング戦略』（創成社，2013 年）など著書多数。

国際社会学入門

2017 年 3 月 31 日	初版第 1 刷発行
2023 年 9 月 30 日	初版第 4 刷発行

編　者　石井香世子
発行者　中西　良
発行所　株式会社ナカニシヤ出版

定価はカヴァーに表示してあります

〒606-8161　京都市左京区一乗寺木ノ本町 15 番地
Telephone　075-723-0111
Facsimile　075-723-0095
Website　http://www.nakanishiya.co.jp/
Email　iihon-ippai@nakanishiya.co.jp
郵便振替　01030-0-13128

印刷・製本＝ファインワークス／装幀＝白沢　正／
カバー写真提供＝石井香世子・酒井千絵・奥野圭子・杉村美紀・真野俊樹・
安達智史・坂本麻衣子・稲葉美由紀・丸谷雄一郎

Copyright © 2017 by K. Ishii
Printed in Japan.
ISBN978-4-7795-1134-9

本書のコピー、スキャン、デジタル化等の無断複製は著作権法上の例外を除き禁じられています。本書を代行業者等の第三者に依頼してスキャンやデジタル化することはたとえ個人や家庭内の利用であっても著作権法上認められていません。

ナカニシヤ出版◆書籍のご案内
表示の価格は本体価格です。

移民から教育を考える
子どもたちをとりまくグローバル時代の課題
額賀美紗子・芝野淳一・三浦綾希子 [編]
私たちの「当たり前」を問うために。日本における移民の子どもたちとその教育を網羅的かつ体系的に扱った初の本格的なテキストブック。　　　　　　　　　　　　　　　　　　　　2300 円＋税

交錯する多文化社会
異文化コミュニケーションを捉え直す
河合優子 [編]
日常のなかにある複雑なコンテクストと多様なカテゴリーとの交錯をインタビューやフィールドワーク，メディア分析を通じて読み解く。　　　　　　　　　　　　　　　　　　　　2600 円＋税

フィールドワークの学び方
国際学生との協働からオンライン調査まで
村田晶子・箕曲在弘・佐藤慎司 [編著]
多様な学生に配慮し，オンライン活用も踏まえた，新しい時代の変化に対応したフィールドワークを学ぶための実践的な参考書。　　　　　　　　　　　　　　　　　　　　　　　2200 円＋税

基本概念から学ぶ観光人類学
市野澤潤平 [編著]
新たな観光のアイデアを生み出すためのオリジナルな問いを見出すために，重要キーワードを理解して観光人類学とは何かを学ぼう。　　　　　　　　　　　　　　　　　　　　　　2500 円＋税

プラットフォーム資本主義を解読する
スマートフォンからみえてくる現代社会
水嶋一憲・ケイン樹里安・妹尾麻美・山本泰三 [編著]
ビッグ・テックの「しかけ」を，わかりやすく，この 1 冊で。身近な切り口から，多角的に問題を照らし出す，画期的な入門書！　　　　　　　　　　　　　　　　　　　　　　　2400 円＋税

認知資本主義
21 世紀のポリティカル・エコノミー
山本泰三 [編]
フレキシブル化，金融化，労働として動員される「生」──非物質的なものをめぐる現代のグローバルな趨勢「認知資本主義」を分析。　　　　　　　　　　　　　　　　　　　　2600 円＋税

アクターネットワーク理論入門
「モノ」であふれる世界の記述法
栗原　亘［編著］伊藤嘉高・森下　翔・金　信行・小川湧司［著］
ANTとは何か？　ミッシェル・カロン，ジョン・ロー，そして，ブリュノ・ラトゥールたちは何をしようとしてきたのか？
2600円＋税

基礎から分かる会話コミュニケーションの分析法
高梨克也［著］
さまざまな会話コミュニケーションを明示的な方法論で観察し，理論的かつ体系的に説明しようとする人のための入門書。
2400円＋税

最強の社会調査入門
これから質的調査をはじめる人のために
前田拓也・秋谷直矩・朴　沙羅・木下　衆［編］
「聞いてみる」「やってみる」「行ってみる」「読んでみる」ことから始まる社会調査の極意を，16人の社会学者がお教えします。
2300円＋税

動かして学ぶ！　はじめてのテキストマイニング
フリー・ソフトウェアを用いた自由記述の計量テキスト分析
樋口耕一・中村康則・周　景龍［著］
幅広く使われているフリーソフトウェアKH Coderによるテキストマイニングを，開発者自らやさしく解説。誰でもわかる入門書。
2200円＋税

社会調査のための計量テキスト分析【第2版】
内容分析の継承と発展を目指して
樋口耕一［著］
内容分析を質・量ともに実現する計量テキスト分析を徹底解説。研究事例のレビューを増補しKH Coder3に対応した待望の第2版。
2800円＋税

概念分析の社会学2
実践の社会的論理
酒井泰斗・浦野　茂・前田泰樹・中村和生・小宮友根［編］
そこで何が行なわれているのか，それは如何にして可能なのか。社会生活における，多種多様な実践を編みあげる方法＝概念を分析。
3200円＋税

歴史と理論からの社会学入門
木村至聖［編］
100年以上にわたり各々の時代と格闘し，生まれ変わり続けてきた社会学理論。その軌跡を世界史的背景とともに平易に解説！！
2600円＋税

世界の手触り
フィールド哲学入門
佐藤知久・比嘉夏子・梶丸　岳［編］
多様なフィールドで，「他者」とともに考える，フィールド哲学への誘い。菅原和孝と池澤夏樹，鷲田清一との熱気溢れる対談を収録。
2600円＋税

被災した楽園
2004年インド洋津波とプーケットの観光人類学
市野澤潤平［著］
2004年インド洋津波の被害を受けた観光地プーケット。被災した観光地では何が起き，観光業の関係者は何を感じどう行動したのか。
2800円＋税

学校を離れる若者たち
ヨーロッパの教育政策にみる早期離学と進路保障
園山大祐［編］
早期に学校から離脱する若者たちに対して各国はどのような対策をとっているのか。政策実態を基に予防，介入，補償という観点から検討。
3000円＋税

「グアム育ちの日本人」のエスノグラフィー
新二世のライフコースと日本をめぐる経験
芝野淳一［著］
かれらの人生にとって「日本」とは一体何か。なぜ，かれらは「日本」にこだわりをもち，「日本」に活路を見出そうとするのか。
2700円＋税

フィールドワークの現代思想
パンデミック以後のフィールドワーカーのために
遠藤英樹［編］
フィールドとは何か，フィールドワーカーとは誰か，フィールドワークとは何か，フィールドワークで何が認識されるか，改めて問い直す。
2400円＋税